文化自信，从阅读开始

“文化自信与中国现当代文学·中学生读本”编委会

学术顾问　雷　实

总 主 编　蒋述卓　陈剑晖　贺仲明

执行主编　周　群　黄红丽

编　　委（按姓氏笔画排序）

王　惠　王春雷　申霞艳　司马晓雯　李金涛

杨汤琛　张　华　陈　希　陈剑晖　季　丰

周建江　咸立强　钟凌翊　钱　丹　徐　珊

郭小东　郭冰茹　黄　平　黄红丽　傅修海

童志斌　曾湖仙　蔡莉玲　谭健文　黎小敏

本册主编　郭冰茹　黄　平

参　　编　赵凤莲　马树林

"百部好书"扶持项目
GUANGDONG PUBLISHING

文化自信与中国现当代文学·中学生读本

铁马冰河入梦来

郭冰茹 黄 平◎主编

青少年
品质阅读精选
语言·思维
审美·文化

广东高等教育出版社
Guangdong Higher Education Press
·广州·

图书在版编目（CIP）数据

铁马冰河入梦来/郭冰茹，黄平主编. —广州：广东高等教育出版社，2020.10（2021.3 重印）

（文化自信与中国现当代文学：中学生读本/蒋述卓，陈剑晖，贺仲明主编）

ISBN 978－7－5361－6562－5

Ⅰ. ①铁…　Ⅱ. ①郭…　②黄…　Ⅲ. ①阅读课－中学－课外读物　Ⅳ. ①G634.333

中国版本图书馆 CIP 数据核字（2019）第 169053 号

书　名	铁马冰河入梦来 TIEMA BINGHE RU MENGLAI
出版发行	广东高等教育出版社 地址：广州市天河区林和西横路　电话：（020）87554153 http://www.gdgjs.com.cn
印　刷	佛山市浩文彩色印刷有限公司
开　本	787 毫米×1 092 毫米　16 开
印　张	12
字　数	282 千
版　次	2020 年 10 月第 1 版　2021 年 3 月第 2 次印刷
定　价	36.00 元

写在前面

作为一个编辑，我经常感叹文学的世界浩瀚如大海，书太多，而时间太少。作为一个母亲，我又经常困惑这么多书，该怎么选，读哪些书，才能让孩子在繁重课业之外挤出的阅读时间，读得有品质；怎么读，才能对他的阅读和写作能力提升有所帮助。同时我还非常苦恼，如何与处于叛逆期的孩子对话，建立沟通。众所周知，中学阶段是人的人生观、世界观、价值观以及思维方式、创造能力和审美能力形成的关键时期，而这些能力却绝非朝夕可成。很多家长即使意识到其重要性，但多半也不知从何入手，如何引导。

基于以上，我们尝试从中华文化精神的角度来做一套适合这一年龄段孩子阅读的书。

怎么选？我们遵循"循序渐进"、由浅到深、从近到远的原则。按照情感发展规律，即个人—家庭—国家（民族）—世界的思路精选12个专题。先侧重从中学生的日常生活、身边事物、自信自尊自强、诚实守信，以及文化人格塑造，如何对待爱情友谊，如何增强忧患意识，将个人的"小家"与国家的"大家"统一起来等方面着手。后由"小"到"大"，由"内"及"外"，由"近"及"远"，从个人、自我、家庭延伸到信仰、理想主义与英雄主义、天人合一、人类共同价值观，以及汉语文化、逻辑思维和创造性思维等。

我们首创"学术主编+教学主编"的编写模式，由知名高校学术主编与中学一线教研员、中学语文名师组成的教学主编，以现当代作家名作名篇为基础，围绕自尊自信自强、亲情与爱情等12个专题选择篇目，并以“中华文化精神”贯穿之，精挑细选，匠心打造，体裁涵盖散文、小说、杂文、诗歌、报告文学等文学样式。同时以入选的各篇目的通用版本为底本，撰写导读和作品赏读。编者悉心解读，所撰写的细腻、隽永的文字，引领我们步进文学的殿堂，领略文学之美，值得珍藏。

阅读是一种力量，在这里有300多位中国现当代名家，跨越时空，通过文学的形式，与我们的孩子对话，以想象性、形象性和情感性的文学作品深入孩子内心，通过共鸣，因感受而唤醒孩子自身的精神诉求，进而有意识地构建精神家园。这些作品一旦进入孩子的生命，就会成为其情感和审美结构的一部分，并在最深的意义上构成“自我”。在这纷扰的世界上，孩子无论是认识世界还是面对人生，都能保持正确的世界观、价值观、人生观，以及看问题的大局观。

同时我们特地邀请了各地几十所学校广播站的同学朗读选文作品。不一定是字正腔圆的专业朗读，但这些有感情、有温度的同龄人的声音一定能打动内心，扫码即可用耳朵“悦”读。

在编辑过程中，我们针对青少年的阅读心理和阅读习惯，按照现代出版规范对选文进行了处理，对部分选文做了删减。

在此还要向各选文的作者致以诚挚的敬意，是他们用自己伟大的思想和精湛的文字，为青少年一代提供了思想的源泉和振翅的境界。我们已委托中国文字著作权协会代理稿酬事宜，一并致谢。

希望这套书能够让我们的孩子从繁重的课业和纷杂的电子游戏中走出来，在文学的港湾憩息，感受到文学的力量并得到丰厚的滋养，从中获得面对未知的好奇、追逐梦想的激情、拥抱生活的热情、直面坎坷的勇气和击败困难的力量。

目录

摩挲长剑作龙吟

碧血丹心照汗青

重整山河待后生

最是难忘华夏情

村桥原树似吾乡

摩挲长剑作龙吟

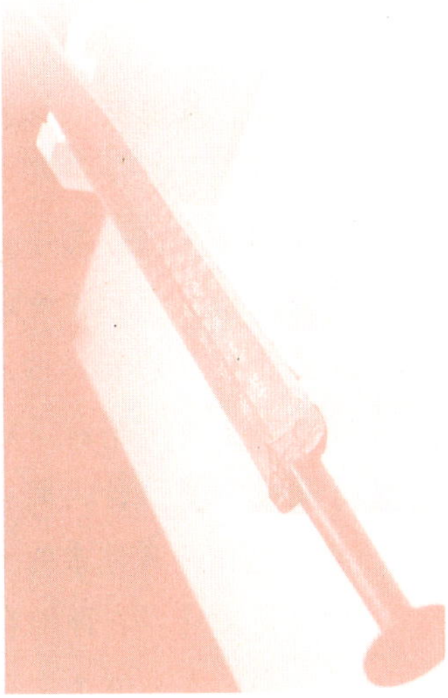

导读

同学们！你们知道100多年前中国的情状吗？“积贫积弱”“山河破碎”“内忧外侮”“啼饥号寒”是那个时代的关键词。“风声雨声读书声声声入耳，家事国事天下事事事关心。”在风雨如晦的年代，一批又一批志士仁人怀抱着一颗滚烫的爱国心，自觉把个人的理想抱负与国家和民族的前途命运结合起来，以梦为马，以笔作枪，为唤醒民众、抵御外侮发出了强烈的呐喊！

爱国主义题材是文学创作的一个永恒的主题。时代不同，爱国主义的内涵会随之发生变化。20世纪上半叶，面对腐败无能的封建统治、殖民地半殖民地的国家情势、日本侵略者的铁蹄猖狂践踏中国大地的现实，中国人民掀起反帝反封建以及抗战到底的斗争高潮，振兴中华、救亡图存成为这个时代爱国主义的主旋律，与之相应的优秀文学作品也表现出了这一时代特征。

本单元共选5篇作品，体裁有散文、小说、诗歌等。作品的时间跨度较大，内容富有张力，1900年至1938年，中国经历了戊戌变法失败、辛亥革命推翻清朝封建统治、军阀割据、北伐战争、蒋介石叛变革命、九一八事变到全面抗战爆发，社会的急剧变化不仅对中华民族的觉醒起到推动作用，也促使一大批进步作家在创作风格上产生嬗变，创作视野也更加开阔，作品从不同的角度，抒发作者心中对民族、对祖国的挚爱，表达了一种具有时代印记的民族责任感和使命感，这也给作品平添了一份厚重，在我国现代文学上熠熠生辉。梁启超的政论散文《少年中国说》情感似出峡的江水，汪洋恣肆，字里行间充满了对“少年中国”未来的热切追求和美好向往。在《七子之歌》里，诗人闻一多以拟人的手法，将我国当时被列强掠去的七处“失地”比作远离母亲的七个孩子，哭诉他们受尽异族欺凌、渴望回到母亲怀抱的强烈情感。石评梅在小说《红鬃马》里，以女性的视角和情感体验，刻画了一个壮志未酬身先死的英雄形象，寄托自己对革命事业的执着追求和英勇抗争的精神。田汉用自由体新诗的形式创作歌词《毕业歌》，至今读来仍然能感受20世纪30年代百千万年轻学子热血澎湃，冒着日寇的炮火奔赴抗战前线，誓死保卫国家的信念与决心。诗人艾青在《我爱这土地》里，化成一只鸟，用“嘶哑”的歌喉抒发了作者在民族危亡的紧急关头的炽热、真挚的爱国情怀。

中华民族历尽苦难而又生生不息，靠的是文化和信念。一代代爱国志士在民族存亡的关头，舍生取义，把自身的前途与国家、民族的命运紧密结合起来，谱写出了一曲曲时代最强音。我们这一代人现在处于新时代，距离实现中华民族伟大复兴的目标也越来越近。阅读本单元的散文、小说和诗歌，同学们要联系当时的社会背景，发挥想象，感受充溢于作品的真情。

作品

少年中国说[①]

梁启超

日本人之称我中国也，一则曰老大帝国，再则曰老大帝国。是语也，盖袭译欧西人之言也。呜呼！我中国其果老大矣乎？梁启超曰：恶是何言，是何言，吾心目中有一少年中国在！

欲言国之老少，请先言人之老少。老年人常思既往，少年人常思将来。惟思既往也，故生留恋心；惟思将来也，故生希望心。惟留恋也，故保守；惟希望也，故进取。惟保守也，故永旧；惟进取也，故日新。惟思既往也，事事皆其所已经者，故惟知照例；惟思将来也，事事皆其所未经者，故常敢破格。老年人常多忧虑，少年人常好行乐。惟多忧也，故灰心；惟行乐也，故盛气。惟灰心也，故怯懦；惟盛气也，故豪壮。惟怯懦也，故苟且；惟豪壮也，故冒险。惟苟且也，故能灭世界；惟冒险也，故能造世界。老年人常厌事，少年人常喜事。惟厌

① 本文选自丘桑主编《少年中国说》（东方出版社1998年版）。梁启超（1873—1929），广东新会人，著有《中国近三百年学术史》《中国历史研究法》《新中国未来记》等。

事也，故常觉一切事无可为者；惟好事也，故常觉一切事无不可为者。老年人如夕照，少年人如朝阳；老年人如瘠牛，少年人如乳虎；老年人如僧，少年人如侠；老年人如字典，少年人如戏文；老年人如鸦片烟，少年人如泼兰地酒；老年人如别行星之陨石，少年人如大洋海之珊瑚岛；老年人如埃及沙漠之金字塔，少年人如西伯利亚之铁路；老年人如秋后之柳，少年人如春前之草；老年人如死海之潴为泽，少年人如长江之初发源。此老年与少年性格不同之大略也。梁启超曰：人固有之，国亦宜然。

梁启超曰：伤哉老大也。浔阳江头琵琶妇，当明月绕船，枫叶瑟瑟，衾寒于铁，似梦非梦之时，追想洛阳尘中春花秋月之佳趣。西宫南内，白发宫娥，一灯如穗，三五对坐，谈开元、天宝间遗事，谱霓裳羽衣曲。青门种瓜人，左对孺人，顾弄孺子，忆侯门似海珠履杂遝之盛事。拿破仑之流于厄蔑，阿剌飞之幽于锡兰，与三两监守吏或过访之好事者，道当年短刀匹马，驰骋中原，席卷欧洲，血战海楼，一声叱咤，万国震恐之丰功伟烈，初而拍案，继而抚髀，终而揽镜。呜呼，面皴齿尽，白发盈把，颓然老矣！若是者，舍幽郁之外无心事，舍悲惨之外无天地，舍颓唐之外无日月，舍叹息之外无音声，舍待死之外无事业。美人豪杰且然，而况于寻常碌碌者耶！生平亲友，皆在墟墓，起居饮食，待命于人，今日且过，遑知他日，今年且过，遑恤明年。普天下灰心短气之事，未有甚于老大者。于此人也，而欲望以拿云之手段，回天之事功，挟山超海之意气，能乎不能？

呜呼，我中国其果老大矣乎？立乎今日，以指畴昔，唐虞三代，若何之郅治；秦皇汉武，若何之雄杰；汉唐来之文学，若何之隆盛；康乾间之武功，若何之烜赫！历史家所铺叙，词章家所讴歌，何一非我国民少年时代良辰美景、赏心乐事之陈迹哉！而今颓然老矣，昨日割五城，明日割十城；处处雀鼠尽，夜夜鸡犬惊；十八省之土地财产，已为人怀中之肉；四百兆之父兄子弟，已为人注籍之奴。岂所谓老大嫁作商人妇者耶？呜呼！凭君莫话当年事，憔悴韶光不忍看。楚囚相对，岌岌顾影；人命危浅，朝不虑夕。国为待死之国，一国之民为待死之民，万事付之奈何，一切凭人作弄，亦何足怪！

梁启超曰：我中国其果老大矣乎？是今日全地球之一大问题也。如其老大也，则是中国为过去之国，即地球上昔本有此国，而今渐澌灭，他日之命运殆将尽也。如其非老大也，则是中国为未来之国，即地球上昔未现此国，而今渐发达，他日之前程且方长也。欲断今日之中国为老大耶，为少年耶？则不可不先明“国”字之意义。夫国也者，何物也？有土地，有人民，以居于其土地之人民，而治其所居之土地之事，自制法律而自守之；有主权，有服从，人人皆主权者，人人皆服从者。夫如是，斯谓之完全成立之国。地球上之有完全成立之国也，自百年以来也。完全成立者，壮年之事也；未能完全成立而渐进于完全成立者，少年之事也。故吾得一言以断之曰：欧洲列邦在今日为壮年国，而我中国在今日为少年国。

夫古昔之中国者，虽有国之名，而未成国之形也，或为家族之国，或为酋长之国，或为诸侯封建之国，或为一王专制之国。虽种类不一，要之，其于国家之体质也，有其一部而缺其一部，正如婴儿自胚胎以迄成童，其身体之一二官支，先行长成，此外则全体虽粗具，然未能得其用也。故唐虞以前为胚胎时代，殷周之际为乳哺时代，由孔子而来至于今为童子时代，逐渐发达，而今乃始将入成童以上少年之界焉。其长成所以若是之迟者，则历代之民贼有窒其生机者也。譬犹童年多病，转类老态，或且疑其死期之将至焉，而不知皆由未完全、未成立也，非过去之谓，而未来之谓也。

且我中国畴昔，岂尝有国家哉？不过有朝廷耳。我黄帝子孙，聚族而居，立于此地球之上者既数千年，而问其国之为何名，则无有也。夫所谓唐、虞、夏、商、周、秦、汉、魏、晋、宋、齐、梁、陈、隋、唐、宋、元、明、清者，则皆朝名耳。朝也者，一家之私产也；国也者，人民之公产也。朝有朝之老少，国有国之老少，朝与国既异物，则不能以朝之老少而指为国之老少明矣。文、武、成、康，周朝之少年时代也。幽、厉、桓、赧，则其老年时代也；高、文、景、武，汉朝之少年时代也，元、平、桓、灵，则其老年时代也。自余历朝，莫不有之。凡此者，谓为一朝廷之老也则可，谓为一国之老也则不可。一朝廷之老且死，犹一人之老且死也，于吾所谓中国者何与焉？然则吾中国者，前此尚未出现于世界，而今乃始萌芽云尔。天地大矣，前途辽矣，美哉，我少年中国乎！

玛志尼者，意大利三杰之魁也，以国事被罪，逃窜异邦，乃创立一会，名曰“少年意大利”。举国志士，云涌雾集以应之，卒乃光复旧物，使意大利为欧洲之一雄邦。夫意大利者，欧洲第一之老大国也，自罗马亡后，土地隶于教皇，政权归于奥国，殆所谓老而濒于死者矣。而得一玛志尼，且能举全国而少年之，况我中国之实为少年时代者耶？堂堂四百余州之国土，凛凛四百余兆之国民，岂遂无一玛志尼其人者！

龚自珍氏之集有诗一章，题曰《能令公少年行》。吾尝爱读之，而有味乎其用意之所存。我国民而自谓其国之老大也，斯果老大矣；我国民而自知其国之少年也，斯乃少年矣。西谚有之曰：有三岁之翁，有百岁之童。然则国之老少，又无定形，而实随国民之心力以为消长者也。吾见乎玛志尼之能令国少年也，吾又见乎我国之官吏士民能令国老大也，吾为此惧。夫以如此壮丽浓郁、翩翩绝世之少年中国，而使欧西、日本人谓我为老大者何也？则以握国权者皆老朽之人也。非哦几十年八股，非写几十年白折，非当几十年差，非捱几十年俸，非递几十年手本，非唱几十年诺，非磕几十年头，非请几十年安，则必不能得一官，进一职。其内任卿贰以上、外任监司以上者，百人之中，其五官不备者，殆九十六七人也，非眼盲，则耳聋，非手颤，则足跛，否则半身不遂也。彼其一身饮食、步履、视听、言语，尚且不能自了，须三四人在左右扶之捉之，乃能度日，于此而乃欲责之以国事，是何异立无数木偶而使之治天下也。且彼辈者，自其少壮之时，既已不知亚细、欧罗为何处地方，汉祖、唐宗是那朝皇帝，犹嫌其顽钝腐败之未臻其极，又必搓磨之、陶冶之，待其脑髓已涸，血管已塞，气息奄奄，与鬼为邻之时，然后将我二万里山河，四万万人命，一举而畀于其手。呜呼！老大帝国，诚哉其老大也！而彼辈者，积其数十年之八股、白折、当差、捱俸、手本、唱诺、磕头、请安，千辛万苦，千苦万辛，乃始得此红顶花翎之服色，中堂大人之名号，乃出其全副精神，竭其毕生力量，以保持之。如彼乞儿，拾金一锭，虽轰雷盘旋其顶上，而两手犹紧抱其荷包，他事非所顾也，非所知也，非所闻也。于此而告之以亡国也，瓜分也，彼乌从而听之？乌从而信之？即使果亡矣，果分矣，而吾今年既七十矣八十矣，但求其一两年内，洋人不来，强盗不起，我已快活过了一世矣。若不得已，则割三头两省之土地奉申贺敬，以换我几个衙门；卖三几百万之人民作仆为奴，以赎我一条老命，有何不可？有何难办？呜呼，今之所谓老后、老臣、老将、老吏者，其修身、齐家、治国、平天下之手段，皆具于是矣。西风一夜催人老，凋尽朱颜白尽头。使走无常当医生，携催命符以祝寿。嗟乎痛哉！以此为国，是安得不老且死，且吾恐其未及岁而殇也。

梁启超曰：造成今日之老大中国者，则中国老朽之冤业也；制出将来之少年中国者，则中国少年之责任也。彼老朽者何足道，彼与此世界作别之日不远矣，而我少年乃新来而与世界为缘。如僦屋者然，彼明日将迁居他方，而我今日始入此室处，将迁居者，不爱护其窗栊，不洁治其庭庑，俗人恒情，亦何足怪。若我少年者前程浩浩，后顾茫茫，中国而为牛、为马、为奴、为隶，则烹脔鞭棰之惨酷，惟我少年当之；中国如称霸宇内，主盟地球，则指挥顾盼之尊荣，惟我少年享之。于彼气息奄奄、与鬼为邻者何与焉？彼而漠然置之，犹可言也；我而漠然置之，不可言也。使举国之少年而果为少年也，则吾中国为未来之国，其进步未可量也；使举国之少年而亦为老大也，则吾中国为过去之国，其澌亡可翘足而待也。故今日之责任，不在他人，而全在我少年。少年智则国智，少年富则国富，少年强则国强，少年独立则国独立，少年自由则国自由，少年进步则国进步，少年胜于欧洲，则国胜于欧洲，少年雄于地球，则国雄于地球。红日初升，其道大光；河出伏流，一泻汪洋；潜龙腾渊，鳞爪飞扬；乳虎啸谷，百兽震惶；鹰隼试翼，风尘吸张；奇花初胎，矞矞皇皇；干将发硎，有作其芒；天戴其苍，地履其黄；纵有千古，横有八荒；前途似海，来日方长。美哉，我少年中国，与天不老！壮哉，我中国少年，与国无疆！

“三十功名尘与土，八千里路云和月。莫等闲白了少年头，空悲切！”此岳武穆《满江红》词句也，作者自六岁时即口受记忆，至今喜诵之不衰。自今以往，弃“哀时客”之名，更自名曰“少年中国之少年”。

赏读

毛泽东说，年轻时影响他最大的人就是梁启超。梁启超作为近代中国伟大启蒙者，一生致力于唤醒民众，救国图强。他在政论方面，首次提出“中华民族”这个概念；在文学方面，创造的“少年”一词，在清末社会里变成一种时尚的革命名词。《少年中国说》从文体看，属于一篇政论性散文，批判性是这篇文章的突出特点。从全文看，文章一方面对清帝国做系统性批判；另一方面表达对“少年中国”的未来的热切追求、美好向往。

用散文抒情的笔法来表达冷静、客观的分析是《少年中国说》的一大特点。《少年中国说》通篇不是用冷静的分析、严密的逻辑逐层论证，而是顺着自己的情感的奔流，纵笔而成，达到说理的效果。

第二个特点就是句式富于变化。开头是两个长句，长句中又包括几个短句，分述相关相异的几层意思，气势稍缓；但越往后，句式越短，节奏越快，奔腾直泻，一发难收。开头好像是火山的熔岩滚滚外溢，而往后则是短促的、猛烈的、势不可当的连续喷发了。以后的几大段情感的节奏渐趋平缓，而情感的力度却伴随着论题的开展而加强、深化了。最后以一段四言韵语作结，把情感再次推向高潮。

百度百科：关于《少年中国说》不同角度的解读①

（1）赵博：这篇《少年中国说》最鲜明的特点首先表现为它强烈的批判性，用犀利的语言对中国这个“老大帝国”逐层进行解剖。与此同时，《少年中国说》通篇不是用冷静的分析、严密的逻辑逐层论证，而是顺着情感的奔流，纵笔而成。一落笔，“欲言国之老少，请言人之老少”。就像久遭禁锢的情感的火山，突然爆发。目的就是揭穿民族传承5 000年的谎言，断了崇洋媚外的根源，了结卖国而偷生的情愫，对于当时那些空怀报国之志，却无救国之方的仁人志士们来说具有强烈的激励性和启发性。

（2）台湾大学中文系教授梅家玲说：“他提出的对文化遗产的检讨的理念，对于青春、对于一个全新国家形态的憧憬和追求，感染并召唤了新一代的知识分子，直到现在，都有很大的影响力。”

（3）《中外名家经典作品选》：这篇演讲写于戊戌变法失败后的1900年，极力歌颂少年的朝气蓬勃，指出封建统治下的中国是“老大帝国”，热切希望出现“少年中国”，字里行间饱含爱国激情，对处于内外交困情况下的中国知识分子，具有较强的感染力。时隔一个多世纪，重温这篇演讲，仍使人心潮澎湃、热血沸腾。青年是一个民族的希望与脊梁，青年肩负着保卫和建设祖国的重任。因此，青年必须发愤图强，以只争朝夕的精神为理想而奋斗。

（4）《世界名人经典演讲词》：1898年戊戌变法失败后，梁启超逃亡日本，有感于清廷的腐败、列强的欺凌，于1900年发表了《少年中国说》这篇著名的演说，表现了当时中国人民、中国知识分子所共有的强国愿望，有着强烈的时代感。在表达上，铺陈强调、酣畅淋漓；在语言的运用上，或散或骈，或文或白，或中或外，从而形成一种崇高、奔放的风格。

（5）《影响中国历史的十篇政治美文》：梁启超是介乎古文和白话文之

---

① https://baike.baidu.com/item/少年中国说/1075?fr=aladdin.

间的文章大家。其文风感情充沛，酣畅淋漓，妙在有独到的思想、大胆的立论，却又能以极美的语言畅快地表达，堪称近代政治美文的典范。本文形、事、情、理、典，五诀齐用；比喻、对仗、排比、递进，轮番上阵。读其文如观沧海，直觉作者胸中激情如潮，文思如海，奔腾而来。本文几乎通篇都是美言美句。

(6)《爱国主义教育手册》：文章以充畅的气势，讴歌了祖国未来的英姿及“前途似海，来日方长”的灿烂前程。对肩负着建设少年中国重任的中国少年寄予无限希望，并鼓励他们愤然而起，努力投身于改造旧中国的战斗。表现出作者热切盼望祖国繁荣富强的强烈的爱国情感，也表现了作者对“纵有千古，横有八荒”的伟大祖国的眷恋之情和自豪感。

作品

七子之歌[1]

闻一多

邶有七子之母不安其室。七子自怨自艾，冀以回其母心。诗人作《凯风》以愍之。吾国自尼布楚条约迄旅大之租让，先后丧失之土地，失养于祖国，受虐于异类，臆其悲哀之情，盖有甚于《凯风》之七子，因择其中与中华关系最亲切者七地，为作歌各一章，以抒其孤苦亡告，眷怀祖国之哀忱，亦以励国人之奋兴云尔。国疆崩丧，积日既久，国人视之漠然。不见夫法兰西之 Alsace-Lorraine[2] 耶？“精诚所至，金石能开。”诚如斯，中华“七子”之归来其在旦夕乎？

---

① 选自《七子之歌：闻一多新诗精选》（四川文艺出版社 2018 年版）。闻一多（1899—1946），著有《七子之歌》《红烛》《死水》等。

② 阿尔萨斯 - 洛林，法国北部地名。——编者注

澳　门①

你可知“妈港”不是我的真名姓？……
我离开你的襁褓太久了，母亲！
但是他们掳去的是我的肉体，
你依然保管着我内心的灵魂。
三百年来梦寐不忘的生母啊！
请叫儿的乳名，叫我一声“澳门”！
母亲！我要回来，母亲！

香　港

我好比凤阁阶前守夜的黄豹，
母亲啊，我身份虽微，地位险要。
如今狞恶的海狮扑在我身上，
啖着我的骨肉，咽着我的脂膏；
母亲啊，我哭泣号啕，呼你不应。
母亲啊，快让我躲入你的怀抱！
母亲！我要回来，母亲！

台　湾

我们是东海捧出的珍珠一串，
琉球是我的群弟，我就是台湾。
我胸中还氤氲着郑氏的英魂，
精忠的赤血点染了我的家传。
母亲，酷炎的夏日要晒死我了；
赐我个号令，我还能背城一战。
母亲！我要回来，母亲！

① 闻一多原文使用的是“妈港”，1999 年中央电视台编配歌曲《七子之歌·澳门》时，将歌词中的“妈港”改为“MACAU”，便于理解。

威海卫

再让我看守着中华最古的海，
这边岸上原有圣人的丘陵在。
母亲，莫忘了我是防海的健将，
我有一座刘公岛作我的盾牌。
快救我回来呀，时期已经到了。
我背后葬的尽是圣人的遗骸！
母亲！我要回来，母亲！

广州湾①

东海和硇洲是一双管钥，
我是神州后门上的一把铁锁。
你为什么把我借给一个盗贼？
母亲，你千万不该抛弃了我！
母亲，让我快回到你的膝前来，
我要紧紧的拥抱着你的脚髁。
母亲！我要回来，母亲！

九　龙

我的胞兄香港在诉他的苦痛，
母亲呀，可记得你的幼女九龙？
自从我下嫁给那镇海的魔王，
我何曾有一天不在泪涛汹涌！
母亲，我天天数着归宁的吉日，
我只怕希望要变作一场空梦。
母亲！我要回来，母亲！

① 广州湾，即今天的广东省湛江港，不是广州市。

旅顺，大连

我们是旅顺，大连，孪生的兄弟。
我们的命运应该如何的比拟？——
两个强邻将们来回的蹴蹋，
我们是暴徒脚下的两团烂泥。
母亲，归期到了，快领我们回来。
你不知道儿们如何的想念你！
母亲！我们要回来，母亲！

赏读

这篇组诗作于1925年3月，当时闻一多正在纽约。其序辞中Alsace-Lorraine通译为洛林地区，位于法国东部浮士山脚下，普法战争中割让给德国，《凡尔赛和约》签订后归还。在诗中，闻一多以拟人的手法，将我国当时被列强掠去的七处“失地”比作远离母亲的七个孩子，哭诉他们受尽异族欺凌、渴望回到母亲怀抱的强烈情感。诗歌一方面抒发了对祖国的怀念和赞美之情，一方面表达了对帝国主义列强的诅咒。

当时正值中国人民反帝反封建斗争的高潮，因此《七子之歌》一问世就引起强烈共鸣。

时隔74年，1999年澳门回归祖国，由广东中山籍作曲家李海鹰谱曲、澳门培正中学小学部年仅七岁半的容韵琳小朋友领唱的《澳门》在中华大地上再次引起轰动，闻一多先生的组诗《七子之歌》再一次为国人所关注。

其实，《七子之歌》为人们所关注、传诵，并不完全是恰逢澳门回归这个重大历史事件的节点，它反映了一代知识分子心系国家命运的担当和使命，这也是所有中国人心中永恒的爱国主义的主题。“中华七子”命运的历史性转折发生在1949年金秋的北京。在这块曾被八国联军烧杀掳掠的土地上，毛泽东向世界庄严宣告：“中国人民从此站起来了！”中华人民共和国成立后，宣布废除一切不平等条约，彻底结束了中国近代史上一幕幕惨痛的悲剧。

“不能将殖民主义的尾巴拖到下个世纪。”中国共产党人代表中华民族喊出了洗雪耻辱的最强音！1982 年 9 月，邓小平在会见撒切尔夫人时明确表示，1997 年中国将收回香港。

邓小平提出“一国两制”，指出：“实现国家统一是民族的愿望，一百年不统一，一千年也要统一的。怎么解决这个问题，我看只有实行‘一个国家，两种制度’。”1997 年 6 月 30 日午夜至 7 月 1 日凌晨，坐落在香港维多利亚湾的香港会议展览中心，举世瞩目的中英香港政权交接仪式隆重举行。6 月 30 日 23 点 59 分，英国蓝底米字国旗和绘有皇冠狮子米字图案的英治港旗缓缓降落，一个半世纪的英国殖民统治宣告结束；7 月 1 日零时零分，在中华人民共和国国歌声中，鲜艳的五星红旗和盛开着紫荆花的香港特别行政区区旗徐徐升起，中国从此恢复对香港行使主权。

交接仪式后，查尔斯王子和刚刚去职的最后一任港督彭定康，在茫茫夜色中，登上即将退役的“不列颠尼亚号”皇家游轮，驶离香港。轮船起锚处，正是 154 年前第一任港督登陆香港的地点。

两年之后，中华民族以又一个洗雪耻辱的时刻迎接 21 世纪的到来。1999 年 12 月 19 日夜，澳门文化中心花园馆内灯火通明，23 时 58 分，红绿两色的葡萄牙国旗和澳门市政厅旗像帆一样滑落。20 日零时零分，五星红旗和绿色带有莲花图案的澳门特别行政区区旗准时升起。中葡两国政府在这一刻完成了澳门政权的交接。

“王师北定中原日，家祭无忘告乃翁。”在澳门回归之夜，闻一多先生的子孙四代共 20 多人团聚在北京门头沟的家中，举行家祭，庆贺澳门回归祖国。家中对联高悬：“九九归一死水微澜昂首新世纪，百年诞辰红烛燃遍举酒慰英灵”，横批“澳门回家”。

闻一多之子闻立雕说：“父亲期盼骨肉团聚的夙愿终于实现了。愿父亲九泉下有知，与我们同乐。”

作品

红鬃马[1]

石评梅

那是一个春天的早晨，一轮赤日拖着万道金霞由东山姗姗地出来，照着摩天攀云的韩信岭。韩信岭下的居民，睡眼蒙眬中，忽然看见韩侯庙里的塔尖上，插着一杆雪白的旗帜，在日光中闪耀着，在云霄中飘展着。这时岭下山坡上，陆陆续续可以看见许多负枪实弹的兵士，臂上都缠着一块白布，表示革命军特别的标志。

他们是推倒清政府，建设民国的健儿。一列一列整齐的队伍过去，高唱着激昂悲壮的军歌，一直惊醒了岭下山城中尚自酣睡的居民。

韩信岭四周的山城，为了这耀目的白采，勇武的健儿们，曾起了极大的纷扰，但不久这纷扰便归于寂静；居民依然很安闲愉快地耕种着田地，妇人也支起机轮纺织布匹，小孩们还是在河沟里掏螃蟹，沙滩上捡石子地玩耍着。

在当时纷扰中，隐约的枪声里，我和芬嫂、母亲扮着乡下

① 选自《石评梅作品集》（书目文献出版社 1984 年版）。石评梅（1902—1928），山西平定人，著有《红鬃马》《匹马嘶风录》等。

人，从衙署逃出来，那时只有老仆赵忠跟着我们。枪林弹雨中，我们和一群难民跑到城外，那时天已黄昏，晚霞正照着一片柳林，万条金线慵懒地垂到地上。树荫下纵横倒卧着的都是疲惫的兵士，我们经过他们的面前连看都不敢看，只祷告不要因为这杂乱的足声惊醒他们的归梦。离城有五里地了，赵忠从东关雇来一辆驴车，母亲告诉车夫去南王村，拿着父亲的一封信去投奔一个朋友。我那时才十岁，虽然不知为什么忽然这样纷扰，不过和父亲分离时，看见父亲那惊吓焦忧的面貌，和母亲临行前收拾东西的匆促慌急，已知道这不幸的来临，是值得我们恐怖的！

逃难时我不害怕也不涕哭，只默默地看着面前一切的惊慌和扰乱，直到坐在车上，才想起父亲还陷在恐怖危险中，为什么他不和我们一块儿出来呢！问芬嫂，她掩面无语；问母亲时，她把我揽在怀中低低地哭了！夜幕渐渐低垂，树林模糊成一片漆黑，驴车上只认出互相倚靠蜷伏的三个人影。赵忠和车夫随着车走。除了车轮的转动，和黑驴努力前进的呼吸外，莫有一点响声。广漠的黑暗包围着，有时一两声的犬吠，和树叶的飘落，都令人心胆俱碎！到了南王村已是深夜，村门上有乡勇把守，因为我们是异乡人不许走进村。后来还是请来了父亲的朋友王仁甫，问明白后才让我们进去。过了木栅门，王宅已派人拿了灯笼来接，这时我心中才觉舒畅，深深地向黑暗的天宇吐了一口气。坐上王宅车到他家时，我已在路上睡着了。

这一夜，母亲和芬嫂都未安眠，我们焦虑着父亲的吉凶。芬嫂和母亲说：“早知道这样两地悬念，还不如在一块儿放心。”母亲愈想愈觉着难过，但是在人家这里也不愿现出十分悲痛的样子。第二天，母亲唤醒我，才知道父亲已派人送信来了，说城中一切都平静，革命军首领是我们同乡郝梦雄，他是父亲的学生，所以不仅父亲很平安，连这全县一百余村也一样平安。这消息马上便传布了全村，许多妇人领着自己的小孩来到王宅慰问我们！母亲很客气地接见了他们。那天午餐是全村的乡董公请，母亲在席上饮上三杯酒，庆祝这意外的平安！

午餐完毕，王宅用轿车送我们进城，这次不是那样狼狈了。一进城门，便看见军队排立着向我们举枪致敬。车进了大门，远远已看见父亲和一位雄壮英武全身军装的少年站在屏风门前迎接我们。下了车，我先跑过去抱住父亲，父亲笑着说：“过去给你梦雄哥行礼，不是他，我也许见不着你们了。”这时真说不出是悲是喜，母亲和芬嫂都在旁边擦着眼泪，父亲笑声中也带了几分酸意。我走到梦雄面前很规矩的向他行了礼，他笑着握了我的手说："几年不见，妹妹已长大了，你还认识我吗?"他蹲下来捧着我的下颚这样问，我笑了，跑到母亲跟前去，父亲笑了，梦雄和赵忠他们都笑了!

过了几天，父亲和梦雄决定了一同进省，因为军旅中不便带女眷，所以把我们留在这里。在梦雄走的前一天，我们收拾好行装搬到南王村王仁甫家中暂住，等父亲派人来接我们。临行时父亲和梦雄骑着马送我们到城外，我也要骑马，父亲便把我抱在他的鞍上。时已暮春，草青花红，父亲和梦雄并骑缓缓地走过那日令我惊心的柳林，我忽然感到一种光荣，这光荣是在梦雄骑着的那匹红鬃马的铁蹄上!

到了东关外，父亲把我抱下马来，让我和母亲坐在车上去。我知道和父亲将要分离，心中禁止不住的凄哀，拉着父亲的衣角哭了!梦雄跳下马来，抚着我的额前短发，他说："妹妹，你不要哭，过几天便派人来接你去省城。你想骑马，我那里有许多小马，我送你一匹，你不要哭，好妹妹。"母亲、芬嫂下了车和父亲、梦雄告别后，——赵忠又抱我上了车。车轮动了，回头我见父亲和梦雄并骑站在山坡上，渐渐远了，我还见梦雄举扬着他的马鞭。

梦雄因为这次征服了岭南各县的逆军，很得当道的赞喜!回到省城后，全城的民众开大会欢迎他的凯旋。不久他便升了旅长，驻扎在绯虎营，保卫全城。在这声威煊赫后的梦雄，当时很引起我们故乡长老的评论。他家境原本贫寒，父亲是给人看守祠堂，母亲是个瞎子。他十岁时便离开家乡去漂泊，从戎数载，转战南北。谁都以为他早已战死沙场，哪料到革命军纷起后，他遂首先回来响应。不仅他少年得志令人敬佩，最使人艳羡的他还有一位美丽英武的夫人，听说是江苏人，她的来历谁都不知道，但是她的芳名冯小珊是这城里谁都晓得的。

我们到了省城后，便和梦雄住在一条胡同内。小珊比我大十岁，我叫她珊姐。她又活泼又勇武，憨漫天真中流露出一种庄严的神采，教人又敬又爱。梦雄和她感情很好，英雄多情，谁也看不出英武的梦雄在珊姐面前缠绵柔顺却像一只小羊。

过了中秋节后四天，是我的生日。父亲特别喜欢，张罗着给我过一个愉快幸福的生辰。那天早晨，母亲给我换上玫瑰色缎子的长袍，上边加了一件十三太保的金绒坎肩，一排黄澄澄的扣子上镌着我的小名;芬嫂与我梳了两条松长的辫子垂在两肩，她又从小银匣内拿出一条珠链给我挂在颈上。收拾好，母亲派人来叫我，芬嫂拉着我走到客厅，在廊下便听见梦雄和珊姐的笑声！我揭帘进去。珊姐一见我便跑过来握着我的手说：“啊呀！好漂亮的小姑娘，你过来看看我送你的礼。”“她一定喜欢我的，你信不信?”梦雄笑着向珊姐说。我走到母亲面前，母亲指桌上一个杏黄色的包袱说：“你还不谢谢珊姐给你的礼。”我过去打开一看，是一套黑绒镶有金边的紧身戎装，还有一项绒帽。梦雄不等我看完，便领我走到前院，出了屏门，那棵槐树下拴着两匹马，一匹是梦雄的红鬃马；还有一匹小马，周身纯白，鞍辔俱全。我想起来了，这是梦雄三月前允许了我的礼物。我真喜欢，转过身来深深地向他们致谢！那天收了不少的礼物，但是最爱的还是这两样。

不久我便进了学校，散课后，珊姐便和我骑着马去郊外，缘着树林和河堤，缓辔并骑；在夕阳如染，柳丝拂鬌的古道上，曾留了不少的笑语和蹄痕。有时玩得倦了，便把马拴在树上，我们睡在碧茵的草地上，绿荫下，珊姐讲给我许多江南的风景；谈到她的故乡时，她总黯然不欢，我那时也不注意她心深处，不过她不高兴时，我随着也就缄默了。

中学将毕业的前一年，梦雄和珊姐离开了我们去驻守雁门关。那时我已十六岁了，童年的许多兴趣多半改变。梦雄送给我的小白马，已长得高大雄壮。我想留着它不如送给珊姐自用，所以我决定送给她。在他们临行时，我骑着它到了城外关帝庙，父亲在那里设下了别宴。我下了马，和梦雄、珊姐握别时，一手抚着它，禁不住的热泪滴在它蒸汗的身上。珊姐骑着它走了三次，才追着梦雄的红鬃马去了。归途上，我感到万分的凄楚，父亲和母亲也一样的默然无语。斜阳照着疏黄的柳丝，我忽然想起六年前往事，觉童年好梦已碎，这一阵阵清峭的秋风，吹落我一切欢乐，像漂泊的落叶陨坠在深渊之中。

八年以后，暑假里，我由燕北繁华的古都，回到娘子关畔的山城。假如我尚有记忆时，真不信我欢乐的童年过后，便疾风暴雨般横袭来这许多人间的忧愁，侵蚀我，摧残我，使我终身墓葬于这荒冢寒林之中。此后只有在一缕未断的情丝上，回旋着这颗迂回而悲凄的心，在一星未熄的生命余焰里，挥泪瞻望着陨落的希望之星，和不知止于何处的遥远途程。这自然不是我负笈千里外所追求的，又何尝是我白发双亲倚闾所希望的。然而命运是这样安排好了，我虽欲挣脱终不能挣脱。

这八年中，我在异乡沉醉过，欢笑过，悲愁过，痛哭过，遍尝了人间的甜酸辛辣；才知道世界原来是这个罪恶之薮，而我们偶然无意中留下的鸿爪，也许便成了一种忏悔罪恶的遗迹。恍惚迷离中，一切虽然过去了，消逝了，但记忆磨灭不了的如影前尘，在回忆时似乎尚可得一种空幻的慰藉。

黄昏的灯光虽然还燃着，但是酒杯里的酒空了，梦中的人去了，战云依然深锁着，灰尘依然飞扬着，奔忙的依然奔忙，徘徊的依然徘徊，我忽然踟蹰于崎岖荆棘的天地中，感到了倦旅。我不再追求那些可怜的梦影了，我要归去，我要回到母亲的怀里，暂时求个休息去。我倦了，我想我就是这样倒下去，我也愿在未倒时再看看我童年的摇篮，和爱我的双亲。

挣扎着由黑暗的旅舍中出来，我拂了拂衣襟上的尘土，抚了抚心上的创口，向皎洁碧清的天空深深地吐了一口气后，踏着月色独自走向车站。什么都未带，我不愿把那些值得诅咒，值得痛恨的什物，留在身畔再系绊我。就这样上了车，就这样刹那间的决定中抛弃了一切。车开行了，深夜里像一条蜿蜒在黑云中的飞龙，我倚窗向着那夜幕、庄严神秘的古都惨笑！惨笑我百战的勇士逃了！

谁都不晓得，这一辆车中载着我归来，当晨曦照着我时，我已离开古都有八百里，渐渐望见了崇岭高山，如笏的山峰上，都戴着翠冠，两峰之间的瀑布，响声像春雷一般。醒了，我一十余载的生之梦，这时被涧中水声惊醒了！禁不住的眼泪流到我久经风尘的衬衫！为了这天堑削壁的群山，令我回想到幼年时经过的韩信岭，和久无音信的珊姐和梦雄。

下了火车，我雇了一只小驴骑到家；这比什么都惊奇，我已站在我家的门口了。湖畔一带小柳树是新栽的，晚风吹拂到水面，像初浣的头发，那边上马石前，卧着一只白花狗，张着口伸出血红的舌头，和着肚皮一呼一吸的，正看着这陌生的旅客呢！我把小驴系在柳树上，走向前去叩门，我心颤动着，我想这门开了后，不知将来的梦又是些什么？

到家后三天，家中人知我心境忧郁，精神疲倦。父亲爱怜我，让我去冠山住几天，他和小侄女蔚林陪着我。一个漂泊归来的旅客，乍承受了这甜蜜的温存和体贴，不觉感激涕下！原来人间尚有这块园地是会使我幸福的，骄傲的。上帝！愿永远这样吧！愿永远以这伟大的慈爱抚慰世上一切痛苦失望中归来的人吧！

山道中林木深秀，涧水清幽，一望弥绿，把我雪白的衣裳也映成碧色。父亲坐着轿子，我和蔚林骑着驴，缓缓地迂回在万山之间；只听见水声潺潺，但不知水在何处！草花粉蝶，黄牛白羊，这村色是我所梦想不到的。一切诅恨宇宙的心，这时都变成了欣羡留恋，一草一木，一山一水之微，都给予我很深很大的安慰。我们随着父亲的轿子上了几层山坡，到了我家的祖茔；父亲下了轿，领着我和蔚林去扫墓，我心中自然觉到悲酸。在父亲面前只好倒流到心里。烧完纸钱，父亲颤巍巍地立在荒墓前，风吹起他颌下的银须和飞起的纸灰。这一路我在驴上无心再瞻望山中的风景，恨记忆又令我想到古都埋情的往事。我前后十余年中已觉世事变幻，沧桑屡易，不知父亲七十年来其辛苦备尝，艰险历经的人事，也许是恶苦多于欢乐？然而他还扎挣着风烛残年，来安慰我，愉悦我。父亲！懦弱的女儿，应在你面前忏悔了！

远远望见半山腰有一个石坊，峰头树林蔚然深苍中掩映着庙宇的红墙，山势蜿蜒，怪石狰狞，水乳由山岩下滴沥着，其声如夜半磬音，令人心脾凛然清冷。蔚林怕摔，下了驴走着，我也下来伴着她，走过了石坊不远便到了庙前，匾额写着“资福寺”。旁边有一池清泉，碧澄见底，岩上有傅青主题的“丰周飘饮”四字。池旁有散发古松一株，盘根错节，水乳下滴，松上缠绕着许多女萝。转过了庙后，渡一小桥是槐音书院，因久无人修理已成废墟，荆棘丛生中有石碑倒卧，父亲叹了一口气，对我说，这是他小时读书之处。再上一层山峰至绝顶便到冠山书院，我们便住在这里。晚间，芬嫂又派人送来许多零用东西，和外祖母特别给我做的点心。

夜里服侍父亲睡了后，我和蔚林悄悄走出了山门，立在门口的岩石上，上弦月弯弯像一只银梳挂在天边，疏星点点像撒开的火花。那一片黑漆的树林中时时听见一种鸟的哀鸣。我忽然感到这也许便是我的生命之林！万山间飘来的天风，如浪一样汹涌，松涛和着，真有翻山倒海之势。蔚林吓的拉紧了我的手，我也觉得心惊，便回来入寝。父亲和蔚林都睡熟了，只有我是醒着，我想到母亲，假如母亲在我身畔，这时我也好睡在她温暖的怀中痛哭！如今我仿佛一个人被遗弃在深夜的荒山之中，虎豹豺狼围着我，我不能抑制我的情感，眼泪如泉涌出！

鸡鸣了，我披衣起来，草草梳洗后便走出了山门，想看看太阳出山时的景致。一阵晨风吹乱了我的散发，这时在烟雾弥漫中，又是一番山景。我站在山峰上向四面眺望，觉天风飘飘，云霞烟雾生于足下，万山罗列，如翠笏环拱，片片白云冉冉飘过，如雪雁飞翔；恍惚如梦，我为了这非人间的仙境痴迷似醉。天边有点淡红的彩色，渐渐扩大了，又现出一道深紫的虹圈，这时已望见东山后放出万道金光，这灿烂的金光中捧出一轮血红似玛瑙珠的朝阳！

我下了石阶走去，那边林中有个亭子，已废圮倾倒，蛛丝尘网中抬头看见一块横额，写着“养志亭”三字。四周都是古柏苍松，陵石峻秀，花草缤纷，静极了，静得只听见自己呼吸的声音。我沉思许久，觉万象俱空，坐念一清，心中恍惚几不知此身为谁？走下了养志亭，现出一条石道，自己忘其所以地披荆棘，践野草走向前去，望见一带树林中，隐约现出房屋，炊烟飘散，在云端缭绕。

下了山，看见一畦一畦的菜园，红绿相间。粉墙一带，似乎是个富人的别墅，旁边有许多茅屋草舍，鸡叫犬吠俨然似个小村落。看看表已七点钟了，我想该回去了，不然父亲和蔚林醒来一定要焦急我的失踪呢！我正要回头缘旧径上山去，忽然听见马嘶的声音，而且这声音很熟，似乎在哪里听见过一样！我奇怪极了，重登上了山峰，向那村落望去，我看不见马在哪里！又越过一个山峰时，我可以看见那一带粉墙中的人家了，一排杨柳下，拴着两匹马，我失惊的叫起来，原来一匹是梦雄的红鬃马，一匹是他赠我，我又赠珊姐的小白马。我仔细的望了又望，看了又看，一点都没有错，确是它们。

我像骤然得到一种光荣似的，心中说不出的喜欢，哪想到我会在这里无意中逢见它们。我又沉默了一会，觉着这不是梦。重新下了山，来到那个村落，我缘着粉墙走，看见一个黑漆大门，旁边钉着个铜牌写着郝宅，门口站着一个小姑娘，抱着一个小孩。我问她，这里是谁住着？她说是郝太太。我又问她：“你是谁呢？”她指着怀中小孩说：“这是郝少爷，我是她的丫头叫小蟾。”

我说明来历，她领我走到客厅，厅里满挂着写了梦雄上款的对联和他的像，收拾得很整洁。院子很大，似乎人很少，静寂的只听见蝉声和鸟唱。碧纱窗下种着许多芭蕉，映得房中也成了绿色。院中满栽着花木，花荫下放着乘凉的藤椅。我正看得入神时，帘子响了，回头见一个穿着缟素衣裳的妇人走过来。我和她一步一步走近了，握住手，但是一句话也说不出，四只眼睛瞪望着。我真想哭，站在我面前这憔悴苍老的妇人，便是当年艳绝一时天真活泼的珊姐。我呢？在珊姐眼中也一样觉得惊讶吧！别时，我是梳着双髻的少女，如今满面风尘，又何尝是当年的我。她问我为何一个人这样早来？我告诉了她，父亲和蔚林在山上时，她即叫人去告诉我在这里，并请他们来她家午餐。后来我禁不住了，问到梦雄，她颜色渐渐苍白，眼泪在眶中转动着，她说："已在一年前死了！"我的头渐渐低下，珊姐紧紧握住我的手，我和她都在静默中哭了！

珊姐含泪领我到她的寝室，一进门便看见梦雄的放大像，像前供着几瓶鲜花。我站在他遗像前静默了一会，我心中万分凄酸，哪知关帝庙一别便成永诀的梦雄，如今归来只余了一帧纸上遗影。我原想来此山中扫除我心中的烦忧，谁料到宇宙是如斯之小，我仍然又走到这不可逃逸的悲境中来呢！

"珊姐！难得我们在此地相见，今日虽非往日，但我们能在这刹那间团聚，又何尝不是一种幸福。你拿酒来，我们痛饮个沉醉后，再并骑出游，你也可以告诉我别后的情况，而且我也愿意再骑骑小白马，假如不是它的声音，我又哪能来到这里?"我似乎解劝自己又系解劝珊姐似的这样说。

珊姐叫人预备早餐，而且斟上了家中存着的陈酒。痛饮了十几杯后，我什么东西都没有吃，遂偕同珊姐走到后院。转过了角门，我看见那两匹马很疲懒的立在垂杨下。我望着它们时心中如绞，往日光荣的铁蹄，驰骋于万军百战的沙场，是何等雄壮英武！如今英雄已死，名马无主，我觉红鬃马的命运和珊姐也一样呢！我的白马也不如八年前了，但它似乎还认识故主，我走近了它时，它很驯顺地望着我。珊姐骑上梦雄的红鬃马，我骑上白马，由后门出来。一片绿原，弥望都是黄色的麦穗，碧绿的禾苗。珊姐在前领着道，我后随着，俨然往日童年的情景，只是岁月和经历的负荷，使我们振作不起那已经逝去的豪兴了。

远远望见一片蔚浓的松林，前面是碧澄的清溪，后面屏倚着崇伟的高山，我在马上禁不住的赞美这个地方。停骑徘徊了一会，抬头忽然不见了珊姐，我加鞭追上她时，她已转入松林去了。我进了松林，迎面便矗立着一块大理石碑，碑顶塑着个雕刻的石像，揽辔骑马，全身军装；碑上刊着："革命烈士郝梦雄之墓。"珊姐已下了马，俯着站在墓前，墓头种满了鲜花和青草，四周用石柱和铁环围绕着。

我把马拴在松树上，走近了石碑，合掌低首立在梦雄墓前，致这最后的敬意和悲悼！梦雄有灵也该笑了，他一生中所钟爱的珊姐和红鬃马，都在此伴着他这静默的英魂！偶然相识的我，也能今朝归来，祭献这颗敬慕之心。梦雄！你安息吧，殡葬你一切光荣愿望、热烈情绪在这山水清幽的深谷中吧!

珊姐望着石像哭了!我不知怎样劝慰她，只有伴她同挥酸泪!她两手怀抱着梦雄的像，她一段一段告诉我，他被害的情状，和死时的慷慨从容。我才知道梦雄第二次革命，是不满意破坏人民幸福、利益的现代军阀。他虽然壮志未酬身先死，但有一日后继者完成他的工作时，他仍不是失败的英雄。他的遗嘱便是让珊姐好好地教养他的儿子，将来承继他的未完之志去发扬光大，以填补他自己此生的遗憾!

自从听见了珊姐的叙述后，不知怎样，我阴霾包围的心情中忽然发现了一道白采，我依稀看见梦雄骑马举鞭指着一条路径，这路径中我又仿佛望见我已陨落的希望之星的旧址上，重新发射出一种光芒!这光芒复燃起我烬余的火花，刹那间我由这个世界踏入另一世界，一种如焚的热情在我胸头缭绕着——燃烧着!

赏读

石评梅是中国现代女作家、革命活动家。原名石汝壁，因爱慕梅花之俏丽坚贞，自取笔名石评梅。1928 年 9 月 18 日，石评梅病逝于北京协和医院。石评梅终年不满 27 岁，创作生涯仅仅 6 年。她短短一生中，创作了大量诗歌、散文、游记、小说。小说《红鬃马》为其代表作之一。

在创作上，石评梅还谈不上有多宏大的成就。但把她和她的作品放在 20 世纪 20 年代的中国社会这个大背景中去考察，石评梅是一个为数不多、才华出众的新文学作家。受“五四”新文化运动的影响，石评梅这位柔弱女子，能跳出儿女情长，把个人的际遇与生活感受同社会变革、国家命运结合起来，反映到作品中去。从这个角度看，石评梅及其作品具有十分重要的历史地位。在她生命最后的两年里，她的小说创作，无论是从思想内容，还是从艺术技巧上看，比之前的诗歌、散文的创作有长足的进步，在视野上更加开阔，现实主义因素增强了。在小说《红鬃马》里，作者塑造了郝梦雄这位革命者形象，一方面赞扬郝梦雄为革命献身的高尚品质，另一方面也寄寓自己对革命理想追求的执着精神。

我们可以从“叙事节奏”“叙事角度”和“叙述语言”三个方面来欣赏《红鬃马》这篇小说。与其他小说叙事风格不一样，《红鬃马》在叙事节奏上，更多呈现出一种“快慢相结合”的方式。小说对主人公郝梦雄从戎经历和两次革命，均以快节奏的概述方式处理，而对日常生活场景的描摹和人生情状及抒写对自我、对时代、对社会的女性自身感悟方面，作者更多采用“慢节奏”的叙事方式。例如小说中有一段文字：“鸡鸣了，我披衣起来，草草梳洗后便走出了山门，想看看太阳出山时的景致。一阵晨风吹乱了我的散发，这时在烟雾弥漫中，又是一番山景。我站在山峰上向四面眺望，觉天风飘飘，云霞烟雾生于足下，万山罗列，如翠笏环拱，片片白云冉冉飘过，如雪雁飞翔；恍惚如梦，我为了这非人间的仙境痴迷似醉……”这种“慢节奏”的叙事方式，有利于揭示作者的内心世界与情感变化。

这篇小说的主人公郝梦雄的笔墨并不多，在小说发展过程中，主人公郝梦雄对于故事及其他人物的影响是靠作者的叙述来完成的。在小说里，石评梅以第一人称的手法来叙述事件的发展，“我”可以是小说中人物，也可以理解就是石评梅自己，因为石评梅的小说本身就带有“自传”的意味。小说借助“我”的视角，或叙事或评论，为主人公郝梦雄的活动展示出了宏大的时代背景。在小说的结尾部分，也是通过“我”与郝梦雄的遗孀珊姐的对话交代郝梦雄牺牲的细节和革命遗愿。

小说的语言也非常有特色。在字里行间，我们仿佛感受到这位“民国才女”多愁善感的气质和才情。她感情层面的脆弱和哀苦，在叙事语言上表现为通篇充满了“冷月、孤坟、落花、哀鸣、残叶”等冷艳的词语，这种创作风格固然与石评梅个人的情感经历有关，但并不妨碍她对女性命运和人生的思考。

作品

毕业歌[1]

田　汉

同学们！大家起来！
担负起天下的兴亡！
听吧！满耳是大众的嗟伤；
看吧！一年年国土的沦丧。
我们是要选择战还是降？
我们要做主人去拼死在疆场，
我们不愿做奴隶而青云直上！
我们今天是桃李芬芳，
明天是社会的栋梁；
我们今天是弦歌在一堂，
明天要掀起民族自救的巨浪！
巨浪，巨浪，
不断地增长！
同学们！同学们！
快拿出力量，
担负起天下的兴亡！

（一九三四年九月）

---

① 选自《田汉词作歌曲集》（人民音乐出版社 2003 年版）。田汉（1898—1968），湖南长沙人，著有《义勇军进行曲》《名优之死》《关汉卿》《谢瑶环》等。

赏读

1931 年“九一八”事变后，抗日救亡运动掀起和发展，群众歌曲的创作数量空前。中国共产党领导的左翼音乐团以空前的热情投入到以“抗日救亡运动”为中心的音乐创作中。这些抗日救亡歌曲深深地印入了千百万群众的心间，极大地鼓舞了为抗日救亡而战的广大中国爱国军民，体现出中国共产党团结中华民族抗日救亡的思想路线。

1934 年由田汉作词、聂耳谱曲的《毕业歌》就是其中的代表作。《毕业歌》属于进行曲风格的群众歌曲，充分展现了歌曲的革命性。斩钉截铁般果敢的节奏，勇往直前无所阻挡的气势，在群众中迅速广泛流传。表现了当时正如火如荼地开展抗日民族救亡运动的状况，以及人们对抗战必胜的信心。

歌词是自由体的新诗，采用核心音调贯穿发展的多段体结构，将全曲分为四段。通过顺着语势的旋律进行，使词曲结合紧密无间，情绪发展环环相扣，达到了整体的统一与平衡。

第一段：音乐具有号召性，像警钟声声。

第二段：音乐是宣誓性的，展现了有为青年的志向和抱负。

第三段：音乐以高昂的音调、开阔的节奏，突出了民族自救的气势。

第四段：音乐也是具有号召性的。相较于第一段，音乐更为急切，更为热情地呼吁。使全曲在高昂、激越的气氛中结束。

“同学们！大家起来！担负起天下的兴亡！”首句以祈使句开头，起到唤醒青年学生斗志的作用，让大家站起来，勇敢地打击反动统治，唤起学生的民族使命。“听吧！满耳是大众的嗟伤；看吧！一年年国土的沦丧。”祈使句构成对偶，唱词形象生动、朗朗上口，气势恢宏，意在唤醒“两耳不闻窗外事，一心只读圣贤书”的学生们，民族的使命感油然而生，要为民族而战、为国家而战。“我们是要选择战还是降？”在“战”和“降”两者之间，必定会选择“战”，号召青年学生为国家的存亡而奋力拼搏，与反动统治相抗衡，表现了他们坚决抗战的信念。“我们要做主人去拼死在疆场，我们不愿做奴隶而青云直上！”“做主人去拼死在疆场”，写出了青年学生不畏战争的勇气；“不愿做奴隶而青云直上”，写出了青年学生“粪土当年万户侯”的书生意气，要像雄鹰一样，直插云霄。“我们今天是桃李芬芳，明天是社会的栋梁”，“桃李芬芳”“社会栋梁”，侧面描写的是学有成就的青年学子以满腹学识投入到社会实践当中，为民族而战，成为支持社会的中流砥柱。“我们今天是弦歌在一堂，明天要掀起民族自救的巨浪！”这样具有号召性的语言，激发了青年学生抗战的激情，敢于掀起自救的巨浪，为民族复兴而做出自己的贡献。“巨浪，巨浪，不断地增长！”表现了革命的浪潮一浪高过一浪，激情不断，永不停息，革命斗争程度加强，与反动统治展开猛烈进攻，并最终达到高潮。“同学们！同学们！快拿出力量，担负起天下的兴亡！”这里以一个连续反复，号召普天之下的学生们，贡献自己微薄的力量，救亡图存已迫在眉睫，让我们担负起振兴天下的重担。

这首歌曲不断激励着一代又一代青年学生为祖国发展而奋发图强，积极投身到社会建设事业当中，为民族的发展贡献自己的力量，而这股力量源于曲谱中有着年轻人的筋骨节奏和昂扬青春，也源于歌词抓住了年轻人的情思特质，更在于词曲结合得自然，传递出的那种年轻的感觉，具有永恒的魅力。

作品

我爱这土地①

艾　青

假如我是一只鸟，
我也应该用嘶哑的喉咙歌唱：
这被暴风雨所打击着的土地，
这永远汹涌着我们的悲愤的河流，
这无止息地吹刮着的激怒的风，
和那来自林间的无比温柔的黎明……
——然后我死了，
连羽毛也腐烂在土地里面。

为什么我的眼里常含泪水？
因为我对这土地爱得深沉……

一九三八年十一月十七日

① 选自《艾青诗选》（商务印书馆2016年版）。艾青（1910—1996），浙江金华人，著有《大堰河——我的保姆》《北方》《向太阳》等。

赏读

《我爱这土地》写于1938年11月17日，发表于同年12月桂林出版的《十日文萃》。1938年10月，武汉失守，日本侵略者的铁蹄猖狂地践踏中国大地。作者和当时文艺界许多人士一同撤出武汉，汇集于桂林。作者满怀对祖国的挚爱和对侵略者的仇恨便写下了这首诗。

这首诗以“假如”领起，用“嘶哑”形容鸟儿的歌喉，接着续写出歌唱的内容，并由生前的歌唱，转写鸟儿死后魂归大地，最后转由鸟的形象代之以诗人的自身形象，直抒胸臆，托出了诗人那颗真挚、炽热的爱国之心。

全诗分为两节。第一节内容可分四层。第一层：隐喻人民苦难。“这被暴风雨所打击着的土地，这永远汹涌着我们的悲愤的河流”，“暴风雨”“悲愤的河流”这些意象告诉我们，艾青魂牵梦绕地爱着的土地，是布满痛苦、躯体上有太多凝结成块的悲愤的土地。当时日寇连续攻占了华北、华东、华南等广大地区，所到之处疯狂肆虐，草菅人命。这里表现出诗人对人民苦难的深切关注。第二层：隐喻人民反抗。“这无止息地吹刮着的激怒的风”一句象征着中华民族不屈不挠的反抗精神，神州土地养育了中华民族，也养育了一种坚韧不屈的民族精神。“无止息”暗寓反抗精神的传承，“刮”“激怒”表示力量的强大，由悲土地之苦难转入赞土地的抗争，诗人的土地情结深了一层。第三层：隐喻伟大的民族解放战争前景。“和那来自林间的无比温柔的黎明”一句可以看作是斗争前景的象征。总之，诗人的情思已由悲愤、称颂进入憧憬，表现出坚定的必胜信念。第四层：“——然后我死了，连羽毛也腐烂在土地里面。”诗人没有沉溺于对“温柔”、恬静的“黎明”的欣赏中，为了自己的爱永远留给土地，他做出了上述郑重庄严的抉择。对这种献身精神可以做这样的诠释：我来自土地而最终归于土地，这样，爱才得以升华，得以永恒。

第二节的一问一答，诗人由借鸟抒情转入直抒胸臆：“为什么我的眼里常含泪水？因为我对这土地爱得深沉……”，太“深沉”太强烈的土地之爱，已使诗人难以诉诸语言，只能凝成晶莹的泪水。“深沉”一词及其后紧跟的沉重的省略，似乎涌动着潜流地火般的激情，更为沉重地叩击着读者的心房，激起读者持续的共鸣。全诗在这问答中达到高潮，那炽热、真挚的爱国情怀，留下不尽的余韵，也充分体现了诗人的艺术个性。

话题探究

1. 大家也许看过电影《无问西东》吧？影片名摘自清华大学校歌歌词中的一句："器识为先，文艺其从，立德立言，无问西东"。校歌是一所学校的精神所在，表达了青年学生的理想，寄托了学校对莘莘学子的期望。

请你和同学一起做一个调查，搜集整理你所在地区的学校的校歌或者毕业歌，以"学校文化气质"为主题，召开"研究性学习成果汇报会"，结合本单元的《毕业歌》，谈谈校歌文化对一个人成长的作用。

2. 经典之所以能流传不朽，不只是体现在思想内容方面，经典作品还在于其独特的表达形式上。经典作品读起来往往是语句朗朗上口，句意层层递进，气势恢宏磅礴，充分展现出汉语言的独特魅力。

请你用手机下载"为你诵读"配音诵读录音 APP 软件，请选择本单元的《少年中国说》或一首诗歌进行配音朗读。录制后发送到你的微信朋友圈，与大家一起分享。

3. 有人说，作家"都是性格残疾的人"。然而一个作家如果没有鲜明的个性，是写不出好作品的。王安忆曾说"小说是作家心灵的历史"，因为每一部作品都是作家心灵独特的体验与认识。

请你去图书馆，查找"民国四大才女"之一石评梅的历史资料，写一篇文章评论"作家都是性格残疾的人"这句话。阐述你的观点和理由。

碧血丹心照汗青

导读

本单元几篇作品从民国时期直至20世纪80年代，前后时间跨度半个多世纪，反映了抗战、抗美援朝、对越作战、核试验等大的历史主题，带有鲜明的时代特征。所涉及的有赵一曼、戴安澜这样的大人物，也有战斗英雄梁三喜，更有一群可爱的女电话兵、汽车兵，从亲情、友情、爱情等不同的角度诠释了对战争、对军旅的理解。无论是赵一曼、戴安澜两人的抗战家书，还是另外四篇小说都表现了一个共同的主题——为国尽责。不同的是时代赋予了他们各自不同的使命，在历史的画册中也必将留下或浓或淡的笔墨。

赵一曼、戴安澜的抗战家书可谓风格鲜明，在那个同仇敌忾的年代，他们为国家为民族挺身而出，肩负重任毫不退缩。两位的家书仿佛是开启时间之门的钥匙，每每读来似乎又将我们带入那个战火纷飞的年代。

《西线轶事》在小说中进行了大胆尝试，它打破了新中国成立以来只注重战争描绘的战争题材的旧模式，开始把笔触转入对人物丰富的内心世界进行直接描绘。同时也突破了理想化、完美化的偶像式“英雄”，让“绝对”的英雄开始走下神坛，被真实战斗生活中的有血有肉的真真切切的普通战士取而代之。

《洼地上的战役》是以抗美援朝为题材的作品，歌颂了中朝之间的深厚友谊。作者选取了志愿军战士王应洪和朝鲜姑娘金圣姬的爱情故事这一线索来展开小说，并以此来反映大的时代主题。

《高山下的花环》打破“军营文学”的常规，通过描写云南边防部队某部三营九连指导员在战前、战中、战后的生活，塑造了一系列有着崇高思想品质、道德情操的当代军人英雄群像，冲破了军事文学“无冲突论”的老套，正视并深刻反映现实生活的矛盾冲突，揭示军队内部矛盾和历史伤痛，展现了广阔的社会生活画面。

《北纬41度线》着重讲述了部队生活大背景下的老汽车兵何立福与新汽车兵孙世伟师徒二人生活中的点点滴滴。同为军旅题材的小说，在本篇中反映的不再是战争而是平凡的部队的日常生活。作者关注到了部队中的“小人物”，通过对小人物的刻画，来反映人物最简单的追求，这样写更具有现实意义与价值。

作品

抗战家书两篇[①]

赵一曼　戴安澜

1. 赵一曼家书

宁儿：

母亲对于你没有能尽到教育的责任，实在是遗憾的事情。

母亲因为坚决地做了反满抗日的斗争，今天已经到了牺牲的前夕了。

母亲和你在生前是永久没有再见的机会了。希望你，宁儿啊！赶快成人，来安慰你地下的母亲！我最亲爱的孩子啊！母亲不用千言万语来教育你，就用实行来教育你。

在你长大成人之后，希望不要忘记你的母亲是为国而牺牲的！

一九三六年八月二日

你的母亲赵一曼于车中

① 选自《重读抗战家书》（中华书局 2015 年版）。赵一曼（1905—1936），四川宜宾人，著有《滨江述怀》《送子遗书》等。戴安澜（1904—1942），安徽无为人，抗日名将。

2. 戴安澜家书

戴安澜写给亲友的家书

子模、志川、尔奎，三位同志鉴：

余此次远征缅甸，因主力距离过远，敌人行动又快，余决以一死，以报国家！我们或为姻戚，或为同僚，相处多年，肝胆相照，而生活费用，均由诸兄经手。余如战死之后，妻子精神生活，已极痛苦，物质生活，更断来源，望兄等为我善筹善后。人之相知，贵相知心，想诸兄必不负我也。手此即颂勋安。

安澜

戴安澜写给妻子的家书

亲爱的荷馨：

余此次奉命固守东瓜，因上面大计未定，其后方联络过远，敌人行动又快，现在孤军奋斗，决以全部牺牲，以报国家养育！为国战死，事极光荣。你们母子今后生活当更痛苦，但东、靖、澄、篱四儿，俱极聪俊，将来必有大成，望勿以我为念。

安澜

赏读

家书在产生之初就包含了浓郁的亲情，维系了家的情感归属。它是我们心中那根最敏感的弦，每当听到“有钱没钱回家过年”这样的公益广告，潜意识里告诉我们每个人都有一个隐含的永远擦除不了也难以修改的物理 IP。家书魔幻般地联系了不同时间、不同空间的人与人、人与时、人与地、人与事。家书的内容更是繁多，有的在信封里装入落蕊抑或树叶，有的在信封里装入几丝青发抑或一方绢帕，也有的在信封里装入满是泪痕的信笺抑或喜出望外的文字……

无论人们所寄之物为何，家书均传递了某种特定“罐装”情感。若从其写信的对象来看，常常以三类人居多。一为写给长辈，嘘寒问暖，祝福康健抑或求助的文字，如曾国藩《与父母书》。二为写给妻子、亲朋挚友，过问家中事务、儿女成长抑或其他诸事，如《戴安澜家书》。三为写给儿女子嗣、晚辈后生，劝勉上进、敦促后学等，如诸葛亮的《诫子书》、梁启超先生写给自己子女的《梁启超家书》。除此以外，还有一类综合性的家书已经超越了家书的单一情感与功能，虽冠以家书、家训之名，但在内容上更加广博，如《颜氏家训》《曾国藩家书》等，可以把它们看作是时代、社会的聚像。透过家书文字的背后，我们看到的是一个个伟岸的父亲、贤惠的妻子、乖巧的儿女……古今中外著名的家书不胜枚举，不管是哪一封家书，它都传递着人们共有的情愫，承载着人们的普世价值。

于众多家书之中，赵一曼、戴安澜两位的抗战家书可谓风格鲜明，称其凛冽，是因为在那个同仇敌忾的年代，他们为国家为民族挺身而出，肩负重任毫不退缩。两位的家书仿佛是开启时间之门的钥匙，每每读来似乎又将我们带入那个战火纷飞的年代。

“儿是娘的挂心钩”，宁儿也正是赵一曼的“心头肉”，“红枪白马”神乎其神的“共匪女头领”被俘后，最放不下的就是她的儿子，于是写下了这封家书。这是一个31岁的母亲写给儿子的家书，这是面对敌人的拷打、电刑咬紧牙关的女士写给儿子的家书，这更是一个勇敢坚毅的共产党人写给儿子的家书。这正是她留给儿子的绝笔财富，至今读来仍感怀至深。与当初在《妇女周报》发表的要求脱离地主家庭的文字相比，此刻她是多么的“儿女情长”，这封家书写出了这位刚毅女子无尽的柔软，诉说着对儿子的深情厚谊，诠释着一个共产党人面对死亡时的决绝。

打开尘封的历史，话一段当年的佳话，仿佛历史具有强大的魔力深深地吸引了你我。惜秦皇汉武武威声名，远播海内外，而中国近代似乎显得英雄气短。但在民国时期，有一支军队却扬我国威，那就是中国远征军。戴安澜将军则是中国远征军殉国的最高级别将领，在同古城保卫战中，他带头立下遗嘱：如果本师长战死，以副师长代之；副师长战死，参谋长代之；团长战死，营长代之。全师各级指挥官纷纷效仿，誓与同古共存亡。正是这一腔报国热血为他赢得了世界的敬仰，毛主席曾亲笔给其遗属签发烈士证，习近平总书记称其为奏响英雄凯歌的抗日将领。他在牺牲前留下的“绝笔家书”，一封是写给肝胆相照的朋友，嘱托朋友照顾自己的妻儿。一封是写给自己的妻子，告诫妻子要将孩子抚养成人。一句“为国战死，事极光荣”表达了他的誓死之心，这是何等的分量。他称她为“亲爱的”，多么浪漫的称呼，而这一浪漫的称呼也永久地定格在了时间的坐标系之中，想必将军在“他乡”

也并不孤独，因为有无数的人记挂着他。

岁月褪得掉伤痕，却永远抹不去情感的共鸣。在民族解放的召唤下，无数革命志士为了国家抛妻弃子，为了国家肝脑涂地！当年的战场硝烟早已离我们远去，飘散在时间的洪流之中，但在战场上留下的一封封家书，却成为永远的历史见证。今天再次打开这些家书，依然可以读到硝烟和苦难，读到思念和牵挂，更能读到以死殉国的毅然与“去留肝胆两昆仑”的气概。

作品

西线轶事（节选）[①]

徐怀中

五

尘土飞扬中，一张白净的面孔现出了坦然愉快的笑容。那笑容是让人永远也不会忘记的。

拂晓时分，九四一部队继续开进。这条路上还有几个部队同时往前去，步兵、坦克兵、自行火炮、辎重车队、民工担架队，交错在一起。发生了堵塞，互不相让，彼此威胁说，要把对方的车子顶下山沟去。交通哨戴着红袖箍，前后奔走，哪里有问题急忙去解决。新战士们以为，打仗本来就应当是这样红火热闹的，不知道是地理条件所限，没有第二条路，只好都挤着一条公路用。离前沿越来越近了，可以清楚地听得见枪声。道路堵塞的情况也越来越严重，九四一部队干脆提前下了车，急行军赶上去。

行军速度很猛，总机班六姐妹一个个走得歪歪倒倒的了。

① 选自《我们播种爱情——中国现代军事文学丛书》（大众文艺出版社 2003 年版）。徐怀中，著有《地上的长虹》《没有翅膀的天使》等。

虽然经过严格轻装，除了穿在身上的，吃进肚里的，个人的东西几乎全都“轻”下去了，平均负荷还在30斤以上，压得够呛。加之发的防刺鞋又是男式的，太大，像是穿了一对箩筐，脚都打泡了。六姐妹没有一个掉队，也没有一个愿意接受男同志的“互助”。

走得最狼狈的要算路曼了，主要是遇上她来例假。她每次来，肚子疼几天，像大病一场。昨天夜里，她想到只有身上的一条军裤，怕睡着以后弄脏了穿不出去，就脱下长裤，裹着雨衣睡下。想是受了风寒，一下子发起烧来。肖群秀摸她脸，滚烫滚烫，本来要报告班长的，路曼不让她讲。

“你讲了，以后不和你好啦！”路曼威胁说。

“可你这么硬撑怎么行呐。”小肖着急地说。

“你和班长讲了，还不是她悄悄替我值机。你看不出，班长也来了。”

小肖只好替路曼打着掩护。

路曼家乡在山区，能用上这种软绵绵的经过了消毒的卫生纸，觉得够好的了。可是连续几小时急行军，腿磨得受不了，迈出一步，都得拿出点决心来。

部队到达了位置，谢天谢地！女电话兵们全副武装就地一歪，觉得再也爬不起来了。连长却不得不以毫无同情心的语气命令她们起来，立即开设电话站。

总机刚开不久，1号首长从前沿部队要回电话来：

“喂！总机班，找你们连长讲话。怎么搞的，我和指挥部刚通两句话，线就没有了。要你们这些电话兵干什么吃的！”

一查，原来通往指挥部的线，有一段是明放在公路上的，被坦克轧得一节一节的。有的地方被民工队的骡马和着青草嚼烂了，粘在一起，成了饼饼。连里决定这条线改为高架。是路曼、肖群秀架的这条线，还是由她们来完成这项任务。

她们两个一路把线改架在竹子上，或是挂在岩石上，让骡马够不着。来到公路边，敌人正从对面山上向公路射击。来势很凶，又是轻重机枪，又是八二迫击炮、四〇火箭筒、反坦克榴弹，又是高射机枪打平射。抗美战争期间中国援助的武器全都用上了。由于武器弹药充足，构成了越军作战的一个显著特点。他们把武器弹药分散藏在各处，这里打一阵，顶不住了，空着手就跑，枪啊炮的全不要了。换一个地方，就地又有现成的，抄起来就打。早上我们部队搜索过去，这股敌人化军为民，隐藏到丛林里去了。现在又冒出来，居高临下封锁了公路。我们的后续部队和担架民工，被压制在公路排水沟里不能动。路曼和小肖焦急万分，想尽快改架好这条线，保障指挥，狠狠教训一下敌人，不能由着他们狂。不凑巧的是近处没有高大的树木，无法把电话线高架跨过公路。好不容易发现一棵木棉树可以利用，正要过去，隐蔽在茅草中的部队喊她们趴下，说木棉树那里太暴露，去不得。她们俩只管猫着腰跑过去了。

如果有悬线杆，事情很简单，把线挑到树杈上就行了。如果带了脚扣和护腰带，要上树也好办。她们两手空空，什么也没有，这就难了。女兵班没有学过四肢攀登，连里把这个项目给取消了。她们试了几次，怎么也爬不上去，又搭人梯，路曼蹲下，让小肖踩着她的肩膀上去。一个人站在肩上，本来不算什么，谁知路曼身子软得像面条，忽忽悠悠刚要起来，又缩下去了。只见她脸上直冒虚汗。肖群秀这才想起来，路曼有特殊情况。

换了小肖蹲下，让路曼上去。按规定要求，高架线路必须在 4 米以上。她们搭的两节人梯，高度达不到。小肖拼命向上踮脚尖，差着老高的一截，踮脚尖顶什么用呢。

隐蔽在路边草棵里的一个战士，跳起来扑向木棉树。他很不礼貌地拍拍小肖的腿，叫她分开腿站好。战士弯下腰，让小肖骑在他脖子上，他猛地挺身站立起来。现在变成了三节人梯，高度足够了。

敌人发现了他们，机枪拼命向这边扫射，殷红殷红的木棉花纷纷扬扬落下来。小肖觉得下边战士身子忽然一抖，差点倒下去，随后又稳住了。路曼忙把电话线在树枝上绕了两圈，打了一个双环结，欢快地叫道：

“好啦！”

两个女电话兵下了地才看到，这个战士高高大大的，身材很匀称，像个跳高运动员。皮肤那样白净，两道浓密的眉毛黑黢黢的。

“同志！你太好了，帮了我们大忙。”电话兵表示感激。

“用不着你们表扬，表扬不过是两句空话。”战士大胆地望着两个姑娘说。

“那，我们应当怎么感谢你呢？”

“也不需要感谢，我只要求赔偿损失。”

战士扯起他的军服给她们看。军服下摆穿了几个洞，军用水壶的背带也被子弹打断了，断头处燎得黑黑的。路曼和小肖明白了，刚才她们觉得他一抖索，要倒下去，原来是这位战士险些被打中。他没有作声，也没有躲闪，一直等她们把线架好了。

“怎么样？伤着没有？”路曼、小肖顿时紧张起来。

“我觉得腰上烫了一下，一摸，没事儿，是吓唬我的。”

肖群秀拿过军用水壶，放出了富余的一节背带，把两个断头一并，打了一个丁字结，交还给了战士。那结儿打得又牢靠又好看，电话兵受过这种专门训练的。彼此问起来才晓得，原来这个战士也是“九四一”的，在营里当步话机员。路曼亲热地说：

“弄了半天，还是同行。只不过我们是有线儿的，你是无线儿的。”

步话机员说：“怎么敢和你们相提并论呢，你们是‘九四一’的中枢神经，我是神经末梢。好了，回去请代问总机班各位同志好。”

“你认识我们班谁吗？”

步话机员支吾了一下，随后说：“认识不认识，问候一下总得罪不了人吧。”

“怎么替你问好呢？我们不知道你叫什么名字。”

“就说一名‘无线’战士，向‘有线的’战友们致以亲切的问候。”

“还是告诉我们你的名字吧！”

“告诉你们有什么意思，反正你们也不会给我写信的。”

两个女电话兵没想到对方会这样说话，不由得脸红了。接着格格格地笑起来，没有回答是不是会给他写信。

指挥部调上来一个坦克中队，打掉了山半腰敌人的火力点。公路恢复通行了，长长的车队不停地向前流动起来。路曼、小肖站在路边，看见那个没有留下姓名的步话机员，高高地坐在一辆弹药车上。弹药车是严禁抽烟的，他抽着烟。她们高声地向步话机员打招呼：“喂！再见，再见！”

“得啦！再见面怕你们就认不出我是哪一个了。”

两个女电话兵一时没有反应过来，不懂这话是什么意思。随后明白过来，这是他在说笑之间为自己做出的一个不祥的预言。汽车开出好远了，步话机员还扭回头来望着她们。尘土飞扬中，一张白净的面孔现出坦然愉快的笑容，那笑容是让人永远也不会忘记的。

八

电话站四周一片寂静，似乎没有任何声音。哪里知道，在两层军毯覆盖下，九四一部队的“中枢神经”在高度活动中。

送走烈士遗体，陶坷她们回到电话站，才知道敌情有些紧张。侦察连抓到了一个越南人，他自称是附近班通林场的工人。在他身上搜出了一个铅笔头，一张草草画出的地图，图上标明了九四一部队指挥所的位置。审讯结果，他承认自己是青年冲锋队员，供出敌人准备当天夜里来偷袭指挥所。司令部通知说，机关留的警卫部队很少，不能分散使用，要求各小单位加强警戒。还特别通知了总机班，电话站一定要严格控制声音、灯光，避免暴露。

连的干部都下去了，总机班一切只能靠自己应付。不过女电话兵们并不显得那么着慌。不怕，没什么大不了的，有班长在呐！

在人们印象中，严莉似乎是经过专门培训，预先为女兵班准备好了这样一个各方面都很成熟的班长。严莉今年 22 岁，是总机班的大姐。她脸微微有点黑，黑翠黑翠的。她在班里的地位，多少像是她在家庭里所处地位的延续。严莉弟妹多，快够一个班了，爸爸妈妈管不过来，干脆撒手交给老大来管着。爸爸是一个团职干部，照规定应该吃中灶的，他除了偶尔陪陪客人，总也不到中灶食堂去。从将近 20 年前第二个儿子出世，爸爸的薪金再没有长了，生活上不能不精打细算。在大女儿的统筹安排下，他们家竟然并不比谁家显得紧张到哪儿去。弟妹们都很懂事，从不和别人家孩子比吃比穿，不过该有什么也还是少不了他们的。人家的孩子穿衣服，老二接老大的，老三接老二的。严莉的衣服谁也接不上，她脱下身的，就实在不能再补再改了。每次分到各人名下的糖块冻柿子什么的，大姐总是留着自己的一份，过后不定会便宜了哪一个小的。严莉在家庭中的作用，形成了她实际上的一家之长的权威。弟妹们不怕爸爸妈妈，全都怕着大姐几分。严莉把管理弟妹们的艺术运用到总机班长的职务上来了。别人遇事可以耍点小脾气，她不行，她必须把自己的气性掩盖起来，从不发火。班里大大小小的事务，安排得有条不紊，分派公差勤务公平合理。赶上谁当班的时候有点私人的事，悄悄向她请个假，她就悄悄顶上去，多值一班。发生了什么纠纷摩擦，她拿出当大姐的权威，先把事态平息下来。然后召开班务会，民主一番，谁对谁不对当面“吵”清，决不马虎了事。说严莉显得特别成熟，完全是由于职务上的需要。

人们知道，当得下女兵班班长可不那么简单。在连队里，这算得上是一个特种兵团了。

越南人可能来袭击，电话站当然是一个突出的目标，情况不能说不严重。总机原是设在一个用茅草竹子搭起的棚子里，人来人往都看得见的。同志们建议，要赶快转移到隐蔽的地方去。

“不用动，照常工作！”严莉沉着地说。

等到天完全黑下来了，严莉才悄悄地布置，人员全部撤出草棚子，把总机转移到一个防炮洞里。洞是就着土坎挖的，挖进两三尺，向左右发展，对称构成了像猫耳朵一样的两个藏身的窝窝，战士们习惯叫作猫耳洞。这个猫耳洞有茂密的树丛遮掩着，严莉又叫把电话线从老远就开始埋设下去。所以，就是走到了跟前，指给你看，你也看不出这里是一个电话站。

总机班派出了自己的巡逻哨。有人主张，除了值机的人，其余人全部去站哨。严莉说：

“用不着，该睡的还是睡，换着班来。仗不是打一天两天，日子长了。”

她只派了陶坷和杨艳两个人担任警戒。班里唯一的一支冲锋枪交小陶使用，杨艳拿着两颗手榴弹。班长交代两名哨兵说：

“你们就绕着总机附近游动，不要乱走，以免和其他单位的巡逻哨发生误会。要找暗处站着，不要总在月光下面。有什么动静先问口令，可别慌慌张张的就开枪。问口令嗓门尽量粗一点，别让人听出来是女的。”

严莉确定由她自己担任守机。完成今晚的守机任务不比平常，要准备在最危急的情况下，一面战斗，一面坚持通话。猫耳洞里直不起腰来，只能把20门交换机摆在地下，窝憋着工作。机子上不能开灯，号牌掉了看不见，全靠用手指不住地去触摸几排号牌，接转通话。为了完全控声音，严莉用两层军毯，连人带机子一起蒙了个严严实实。电话站四周一片寂静，似乎没有任何声息。哪里知道，在两层军毯覆盖下，九四一部队的“中枢神经”在高度活动中。严莉不停地在高声呼喊着，呼喊着。部队向敌人侧背穿插过去，发展很快，电话线路一再延伸，已经远远超出了有效通话距离，虽然加了“增音”，通话质量还是很差。往往下达的命令指示，向上报告的重要战况，要由严莉从中传送。她讲了一遍，怕有什么不准确，又复述一遍。严莉忽然觉得喉咙里咸咸的，有股腥味，知道嗓子出血了。这几天，几个女电话兵嗓子全都喊坏了，带来的清音丸已经吃完，没有什么防治的办法。多喝水会好一些，偏偏附近山地没有活水，找到一片积水，尽是小虫子在翻上翻下的，放几片净水剂澄清一下，那种怪味让人打哆嗦，喝不进去。部队里有一种奇妙的发现，凡是折断了青竹子，靠根部的几节里准定会聚存了水分。在竹节的地方穿通一个洞洞，就可以接到几口又纯净又清凉的水。这是很珍贵的，不容易弄到。严莉晃了晃她的水壶，还存有一点青竹的水。拧开壶塞儿，想喝几口润润喉咙。但她只是漱了漱口，吐出带血的水，又拧紧了壶塞儿。女兵班班长想到，水得留着，说不清班里谁又发高烧，或是受伤，一点水没有哪能行呢。

这天特别闷热。严莉一整夜钻在猫耳洞里，又蒙在两层毯子里，她热得什么样子，可以想象。摘下耳机，简直可以倒出水来了。第二天别人来换严莉的班，吃惊地看见，她像是刚刚参加了泅渡训练上来，人已经瘦了一圈儿。是谁发现严莉额头上爬着一条旱蚂蟥。经人这么一说，严莉尖叫起来，她跺着脚，紧张得不知怎么是好。同志们叫她别乱动，帮她脱下衣服来找，找到十多条。手指头缝里还隐藏了一条，她居然一点也没有感觉。吸饱了血的蚂蟥，圆咕碌碌的，拍打几下就掉了。还没有吃饱的，怎么也弄不掉，又不敢硬扯硬拽，怕扯断了，留下一半更难办。忽然想起来，出发前连里介绍过对付蚂蟥的办法。跑去找人要了一支纸烟来，点着了对着蚂蟥熏，不一会儿，它们就曲卷着掉下去了。蚂蟥叮过的地方，渗出血来，这也有一种妙法对付，捏一点树干上的青苔丝丝按上去，很快就不再出血了。几个女电话兵只顾帮着严莉止血，往地下一看，太可怕了，一条条大蚂蟥身子一曲一伸，正从四面八方向她们进军。她们赶忙用树枝扫荡了一番。旱蚂蟥天生有这种本能，大老远的能够感受到人的气息，找着你来。它们还有空降的本领，可以从树叶上滚落下来，正好掉在人身上。

因为人太少，巡逻哨也是一整夜没有替换。拂晓，陶坷模模糊糊看见几个人，弯着腰向这边摸过来。她忘记了应该装成男人的声音，尖着嗓子喊了几声口令。对方不应口令，还在往前来，小陶开了枪。她没有打过冲锋枪，不知道控制快慢，手指头一动，一梭子弹出去了一大半。警卫部队的一位排长，听到枪声，带着几个战士赶来了。在树棵里搜索了好久，什么也没有发现。他们埋怨陶坷说：

“怎么搞的，乱打枪！”

“我看得清清楚楚，像是有几个人……”陶坷为自己辩解。

“算了，肯定是你自己紧张过度。”

“既然看得清清楚楚，嘟嘟了大半梭子，怎么连一个也没有撂倒？”

杨艳护着自己的人，说真是听到了有响动。打着没打着敌人，那是另外一个问题，开枪还是对的，不能说是乱打枪。等别人走了，班里悄悄议论，杨艳也倾向于小陶是看晃了眼。

第二天早上，把总机从猫耳洞搬回棚子里去。忽然，是谁“啊”地惊叫了一声，原来总机棚背后有一具越南人的尸体。这是一张孩子脸，最多十六七岁。他胸部完全浸在血泊中，两手紧攥着 4 枚揭掉了盖子的手榴弹。很明白，他是中弹以后坚持冲过来的，已经到了离总机棚只有两三步远的地方。如果他还有剩余的一点点气力，一定会把 4 枚手榴弹扔进棚子里去的。陶坷没有看错，和这个年轻的越南人一起来的还有几个，他们撤出战斗很及时，丢下一名英勇的同伴不管了。

赏读

徐怀中创作的军旅题材的小说《西线轶事》在 1980 年度全国优秀短篇小说评选中高居榜首，小说实现了新时期军事文学创作领域内的第一次重大突破。作者认为：“炮火硝烟只是战争之树的树冠，是一眼就看得见的。而一棵树，据说在地下的根部和树冠一样大小，如同它的倒影。”① 作者在小说中进行了大胆的尝试，这也正是小说取得突破性成果的原因所在。一方面，它打破了新中国成立以来只注重战争描绘的战争题材的旧模式，开始把笔触转入对人物丰富的内心世界进行直接描绘；另一方面，它打破了理想化、完美化的偶像式英雄，“绝对”的英雄被真实战斗生活中的有血有肉的真真切切的普通战士取而代之。

过去的战争题材作品，常常是回避排斥人性、人情的话题，在选材上充分表现出了作者的主观理想化倾向。而《西线轶事》一反常态，在题材方面却是一部充满了人情味的小说，小说描绘了战士间互助互爱，生活中彼此体贴，整个通讯班就好像是一个“大家庭”，而且作者敢于用大量笔墨来描写男女主人公细腻的爱情心理，以及亲情。有母女之爱，如陶坷对母亲与姥姥

① 周序华. 试论中国军事文学女性主体意识的书写［J］. 太原教育学院学报，2006（2）：30.

的爱；还有母子之爱，如毛妹的妈妈为了他毅然划清了与毛妹父亲的关系等，可以说作品传递的情感是立体的。这在军事题材的小说中是很少见的，这也为军事题材小说的生活化描写开了先河，具有划时代的意义。

在《西线轶事》中，严酷的战争仅仅是作为一个存在，其笔墨的侧重点放在对丰富的心灵世界的各个不同侧面进行细致入微的描摹。小说刻画了一个男步话兵和六个女电话兵的形象，其中着重描写了男步话兵刘毛妹和女话务兵陶坷。从这两个主人公身上发掘出了青年一代的思想特征以及他们高尚的情操。

作者以朴素的线条尽量勾勒出了 6 个女电话兵的真实人物性格，他抓住每个主人公的鲜明特征，充分描绘了女电话兵们生活中的点滴，如她们个人身上的癖好、脾气、性格，甚至是一些“毛病”等都无不充满着青春活力。这些看似鸡毛蒜皮的小事不但没有损害人物的形象，反而使得人物更加生活化、更加真实，在几个女兵漂亮地完成任务时，人们更加觉得她们的可爱，每个女兵吸引人的特点都不尽相同，怎能不让人心生怜爱呢？在人物塑造上，作者真正做到了细致入微地揭示出他们丰富的精神世界和纯洁美好的品质，并透过他们身上的时代烙印反思逝去的岁月，进而审视现实和未来。作者笔下的真实，令人信服地概括了属于这一代青年的时代特征。作者为此类题材的小说创作进行了有益而大胆的尝试。

《西线轶事》真正实现了战争题材类小说的跨越，格调上实现了由悲壮到清新明朗的转变，没有曲折离奇的情节也没有惊心动魄的战斗场面，笔触更加细腻，更加生活化，关注人物的内心，关注人物的日常。一个个平凡而又可爱的人物一个接一个从他笔下徐徐向我们走来，而这些人物又是那么真实，那么可爱，作者似乎实现了散文诗的手法在小说中的再现。《西线轶事》无论是从选材还是人物形象的塑造上，均取得了极高的成就。

作品

洼地上的战役（节选）[①]

路　翎

敌人在打了一阵机枪之后，忽然地停了火，而且还后退了几米。这奇妙的情况马上就揭晓了，原来敌人是非常隆重地在对待着这场战斗：空中出现了四五颗照明弹，随即就是一阵迫击炮弹短促地呼啸着落了下来，在这块洼地上爆炸了。

显然敌人已经用无线电报话机联系了他们的炮阵地。这个班最初的那一阵绝对的沉寂骇住了他们，他们总以为这里有很多的志愿军，随后王顺和王应洪的突然的开火和喊叫更使他们觉得是证实了这一点，于是他们就来正规化地作战了。如果听一听敌人在无线电报话机里说些什么，以及敌人的指挥机关在怎样吼叫，确实会很有趣的——看到落在周围的炮弹，王顺不禁笑了。威风极啦，怎么不连榴弹炮也拿出来呀。

王顺滚回到沟里，命令王应洪停止射击，准备夺路撤退。这时，按照美国的步兵操典，在一顿炮击之后，以机枪掩护，那一个排的敌人就从两翼包抄过来了，发出了呐喊的声音，卡

① 选自《路翎文集（第四卷）》（安徽文艺出版社 1995 年版）。路翎（1923—1994），安徽无为人，著有《财主底儿女们》《饥饿的郭素娥》等。

宾枪打得像放鞭炮一样。而且，右边山头上的那挺机枪也向洼地中央射击起来。

因为这洼地上的“战役”的巨大规模而快活，王顺就着手来还击。这种快活的心情是战争里最可贵的，从这种快活的心情，他就做出了一个聪明而大胆的决定：从敌人阵线的正当中，就是从敌人的那挺机枪那里突破过去。左翼的十几个敌人已经顺着土坡向他们这边扑来了，王应洪打了一串子弹，他却甩出了一个手雷。这一声轰然的巨响使得敌人倒下了一大半，就在这当中，王顺招呼王应洪跟着他跳出了这条干涸的沟，又往右边的敌人群里打了一个手雷。然后，完全出乎敌人的意料之外，这两个侦察员沿着一条土坎向着正当中的那挺机枪奔去了，而那挺机枪这时正向洼地中央的那个小土包周围热情地射击着，以为那里隐藏着志愿军的主力；而右边山头上的那个火力点，则是正在忙着射击洼地的后半部，确信这是封锁住了志愿军的退路。并且，没有被打死的敌人，这时正向洼地的中央，连同着那条干涸的水沟，发起了勇壮的冲锋。

洼地上的“战役”，它的规模就是如此。这时那两个侦察员却突然出现在敌人的“纵深”里，用不几发子弹结果了那两个机枪手；灵机一动，王顺一下子扑倒在机枪的跟前，对准那些敌人射击起来了。事情于是非常简单，他射击了半分钟不到，就结束了这个洼地上的“战役”，当剩余的、滚在沟里的敌人刚刚明白过来，又打出了信号弹的时候，他已经带着他的助手投入了黑暗的荒地，越过了一条小溪，跑进了大片的洋槐树丛了。

王顺在前面奔跑着，他的左胳膊负了一点伤，这时才觉得有些疼痛。他听着跟在他后面的王应洪的脚步声，他忽然听出来这脚步声有些沉重，正在这个时候，右腿负伤的王应洪栽倒了。

他们两个都弄不清楚这是在什么时候负的伤。王应洪身上的伤还不止一处。在当时，他一点也不曾感觉到自己是负伤了，充满了胜利的快乐，无论手和脚都是灵活的。但现在这些伤被意识到了，一经被意识到，它们就发作了，于是王应洪支持不住了。

王顺一声不响地背起他就走。他们是一刻也不能在这附近停留的。敌人的整个的阵地这时一定是在骚动着，加强了警戒，要搜捕他们的。

意识到这紧张的情况，王应洪就要求班长不要管他，但是班长理都不理他。在年轻的新战士的心里，燃烧着壮烈的感情，他觉得他已获得足够的代价，他从来不曾想到他第一次参加的战斗有这么辉煌，他觉得现在是到了牺牲自己，而让班长脱险的时候了。于是，当他们出了树丛，迫近了敌人的警戒线，班长把他放在一条土坎后面，爬上去侦察情况的时候，他就下了这个决心：一有情况，他就留下来——像班长刚才带着他对全班所做的那样，用自己的火力和身体掩护班长脱险。

现在他们正在敌人阵地的旁边，这已经不是他们来的时候那一片开阔地，而是一条狭窄的山沟。这是最危险的地带，一有动静，敌人两边山头上的火力网就会把这一条不到四十公尺宽的山沟完全盖住；而且，两边的山坡上都有敌人的警戒。他只是在沙盘作业上学习过这一带的地形，班长却是知道一切的。但现在他们显然无从等待或另外选择道路。班长看了一看情况回来，就决定拖着他沿着土坎往山沟中间的几棵大树里面爬去。年轻的侦察员既然已经做了决定，看看没法开口向班长说什么，就把自己的冲锋枪扣在手中。他也用他的负伤的肢体帮着爬，咬紧牙关来忍受可怕的疼痛。这是非常艰难的道路，每一分钟只能爬行四五米。班长侧着身子，用右胳膊抱着他的胸部，用自己负了伤的左胳膊撑着地面，一步一步地拖着他。

“班长，……”他说。

“不许说话！”班长对着他的耳朵严厉地说。

“我牺牲了不要紧。”

“别说话，纪律！”

听到了这个，年轻的侦察员就不再作声了。

他们毕竟到了那几棵枝叶长得很稠密的栗子树里面了。他们在一个小土包后面的草丛里潜伏了下来。现在又得再看动静。这时左右两边的小山头上，敌人互相地喊着他们听不懂的话，然后，就有三个巡逻兵从左边山坡出来，踏着草地慢慢地走着，端着枪，编成警戒的队形，向着这个栗树林走来。

“班长，”年轻的侦察员含着眼泪在恳求了，“我打响的时候，你从右边撤出去，……”

班长掩住了他的嘴巴。这个动作是为了警惕，但也是因为难过；说这种话叫老侦察员太伤心了。为了防止这年轻人的意外的行动——他感觉得出来这年轻人身上有着怎么样的一种激动，他也知道，在负了重伤的时候，人们会想些什么——他就拿负伤的左胳膊用力地压住了这年轻人的握着枪的手。

三个敌人的巡逻兵沿着土坎和草丛搜索，慢慢地迫近了这小小的栗树林中，其中的一个突然大吼了一声，于是王应洪震动了一下，但班长更用力地压住了他。老侦察员非常镇静，现在还不能判断他们是否已被发觉，因为敌人是常常要拿这一套来给自己壮胆的。三个敌人紧挨着走到这小栗树林来了，在离侦察员们潜伏着的土包三四米的地方站下了，往这边瞧着。

连老练的侦察员这时也有些迷惑了。但侦察工作中的铁则支持着他，这就是，绝对不暴露自己。小风把粗硬的栗树叶吹得发响。这三个敌人互相说了什么，忽然地其中一个又向着右边吼叫了起来。于是他们走过去了。

大约二十分钟之后，侦察员们出了栗树林，沿着右边的山根一寸一寸地爬行，这一个拖着那一个。没爬行几十米，又出现了敌人的巡逻兵，于是紧紧地贴着地面伏着；愈来愈明显地感觉到年轻人身上的激动，王顺沉着地压着他的手腕，并且用力地捏了一下他的手。这个动作的意思是，他们是这样地相爱而血肉相连，他决不能丢下他，而且，他还很有力量。……负了伤的特别艰难的行动，以及敌人的加强警戒使得他们一直到天亮还没有爬出这条山沟。

眼看着快要天亮，王应洪就又要求班长不要管他；他甚至于哄骗班长说，只要班长先走，他就能慢慢爬回自己阵地的。班长不理他，这沉默是含怒的。班长拖着他爬到一条长满杂草野花的小沟里，使他躺在一块比较干的地方，又爬过去慢慢地弄来一些草把沟边上细心地伪装起来，——这两个侦察员就躺下了，在这条狭窄的沟里，着手来度过这个白天。他们离山头上的敌人地堡仅仅三十米。但白天的情况也有有利的地方，因为我们阵地上的火力已经能封锁到这个山坡，敌人是不大敢下阵地来的。

班长替王应洪包扎了伤口，也把自己的伤收拾了一下。这年轻人的伤势使他痛心。他竭力显得安静，拿出一块手帕来，在水里弄湿，轻轻地替他擦着脸。然后就拿出了一个馒头——这老侦察员，是有着这种周密的计算的——分了一半给他。

可是王应洪一口也不肯吃。他难过极了；意识到自己拖累了班长，这种心情比身上的伤还使他痛苦。他透过面前的杂草，定定地瞧着辉耀着阳光的五月的天空，一动也不动。

“纪律，”班长对着他的耳朵说，“你是祖国的好青年，你是人民的好战士，吃这半个馒头，这是纪律。”

于是王应洪开始吞吃馒头了。

黑夜过去了，现在是要再等到晚上。离自己的阵地还有两百米。但班长的脸上却出现了愉快的神情。他想要使这个年轻人改变心情，而且，胜利地完成了的捉俘虏的任务，洼地上的那个杰出的战斗，对这年轻人所尽到的责任，这个狭窄的小沟里的神秘的隐蔽，这一切都使他变得像早晨的阳光一样愉快。于是他躺在王应洪身边，几乎是全身都躺在湿泥里，对着王应洪的耳朵小声地、活泼地说起话来了。

“你猜我头一回当侦察员的时候是怎么的！一听见敌人的声音我就发懵了，没有你这么沉着勇敢。那时候我的政治觉悟也不怎么高，还想家哩。我也是老战士一点一点带出来的；咱们部队就是这样，一代传一代，一代比一代强——咱们的这个英勇顽强的老传统。我带着你这也不是为了你，这是为了咱们全军，也是为了人民和党的事业，你为啥要难过呢?”

王应洪不作声。他在想：“难道不许我为了人民和党的事业掩护你撤退么?”

“今夜晚咱们肯定能回到家里，咱们要去见连长，见团首长，俘虏是你抓的，你这次的功劳我一定要给你报上去。连首长团首长都在盼着你呢。”

“我没啥功劳。真的。我就是觉着我够本了，天黑了你先把我留在这里吧。”王应洪冷淡地说。

“不哇，同志。”老侦察员热烈地对着他耳朵说，“够本，这思想要不得，错误的。咱们革命的战士，共产党员青年团员，不是这么容易就够本的哪。一代又一代的，战场上多少同志流血牺牲才培养出咱们来的呀，你算算这个账吧，歼灭了一个排的烂狗屎敌人就能够本?”沉默了一下，看见这年轻人仍然不作声，他忽然微笑着非常柔和地说：“你还想着金圣姬那姑娘不?”

“没有。从来我就……”

“不是说的这。咱们也是为她，为老大娘战斗的，朝鲜人民血海深仇还没报，就够本?”这样他就把金圣姬姑娘也巧妙地拖到他的论据里面来了，他迫切地希望打动这青年战士的心，使他放弃那些苦痛的思想：“你说，咱们回到家，过些天再到村子看看，金圣姬跟她妈见到咱们可要多高兴啊，我要好好地跟她谈一谈咱们的这场战斗……”

他的眼前就出现了那姑娘的闪耀着灿烂的幸福的面貌。他并且又想到了舞蹈里的那个“人民军之妻”。在他命令王应洪和他一同留下的那个严重的瞬间，以及在他拖着这青年爬进栗子树林的时候，这个灿烂的幸福面貌都似乎曾经在他的心里闪了一下。现在回想起来，好像确实是这样的。他替这个不论从军队的纪律，或是从王应洪本人说来都没有可能实现的爱情觉得光荣，于是他觉得，他拖着王应洪在山沟里一寸一寸地前进，除了是为了别的重大的一切以外，也是为着这姑娘。她曾经在那黄昏的山坡上掩面哭着从他的身边跑过，于是他觉得他是对她负着一种他也说不明白的、道义上的责任。他怜惜她不懂得战争，怜惜她的那个和平劳动的热望；他觉得他真是甘愿承担战争里的一切残酷的痛苦来使她获得幸福。于是，爬进栗子树林进入这条小沟，替王应洪裹着伤，要他吃馒头，拿纪律来强迫他，哄他，又对他小声地柔和地说着话，这一切动作都好像在对他心里的金圣姬姑娘说：你看，我是要把他带回来再让你看看的，你要知道我爱他并不比你差，我更爱他，而且，你看，我绝不是你所想象的那种不通情理的冷冰冰的人！

说来奇怪，他所担心，所反对的那个姑娘的天真的爱情，此刻竟照亮了他的心，甚至比那年轻人自己都更深切地感觉到这个。那年轻人沉默着，透过面前的草叶和几枝紫红色的金达莱花望着明朗的天空，他此刻没有想到这个。从敌人在他的眼前出现以来，他一直忘了这个，但在刚才班长说到纪律的时候，他忽然意识到他有件什么事情做得不顶好，接着，班长说起了金圣姬，他才想起来这件办得不怎么好的事情就是他口袋里的那一张绣花的手帕。他现在觉得这件事情没有什么道理。他的那种年轻人的惊慌而甜蜜的幼稚心情，已经被激烈的战斗和对任务、对班长的严重的意识所抹去，似乎是在他的心里一丝一毫也不存留了。他所不满足的仅仅是他没有能及时地掩护班长出险，此外他在生活中就不再需要别的什么东西了，何况那个他从来也没想到过的爱情。他也不理解那个姑娘的要建立一个和平生活的热望，她离他似乎很遥远、很遥远了。……他觉得，他没有及时地把手帕的事汇报给班长，是一个错误。这样，他就摸索着把那张折得很整齐的手帕从胸前的口袋里拿出来了。

“班长，我还没跟你汇报，”他平静地说，“这是她又塞在我的军服口袋里的，昨天换衣服才发现，……还有那双袜套。”

班长接过去，展开那手帕来看了一看，想了一想，就又替他塞回口袋里来了。

“你留起来吧。”

“不，这违反纪律。”

“我相信你，同志，留着吧。”班长温和地说。这手帕此刻竟这么有力地触动了他，使他又想起了金圣姬的所有的美好的希望——而这美好的希望竟是不能实现的。在将来，他们终归会给这姑娘奋斗出一个和平的生活来，她将要结婚并生育儿女，那时她会怎样来回忆现在的这一切呢？“回去我汇报给连部，”他又说，“我想连部会同意你收下的，……在这件事情上，没有哪个同志会批评你不对的。”

“我要这个没有道理呀。”年轻的侦察员坚持地说。

“你留着吧。”班长同样坚持地说。

他们沉默了下来。远远的战线上有炮声，可是周围很沉寂。王顺继续想着这件事，这条手帕，女孩子家的希望，并且拿它来和他们眼前的处境对比，——眼前是毫不容情的战争，他们躺在敌人阵地上的这个泥沟里。他想，女人们是不了解这些的，当然，这也不必要她们了解。比方他那个老婆吧，离别六年了，来信总是以为他还是六年前的那个爱嬉闹的青年，总是嘱咐他进饮食要当心，早晚不要受凉——也不知她是托村里的哪位老先生写的。在和平的日子里，真是连伤风咳嗽也要担心，可是现在他是一个身经百战的老侦察员，不仅不再是爱嬉闹的青年，而且还规规矩矩地在无论什么泥沟里一潜伏就是几个钟点；早晚不要受凉！这真是从哪里说起呀。……可是这种思想却也牵动了他的一点回忆。老婆的信里说：女儿已经上小学，认得一百二十一个字了。他好一阵子想着这一百二十一个字，并且搬弄着手指，想要弄清楚这一百二十一到底是多大的一个数目。一下子他惊讶了：“我在这么大的时候，一个字也还不认得呀！这数目不小呀！”透过草叶，有一线阳光落在他的脸上，他闭了一下眼睛，忽然比任何时候都更深、更鲜明地感觉到他所从事的战斗的伟大意义。在敌人阵地上的这个小沟里，他清楚地看见，那扎着两条小辫子的、认得一百二十一个字的小姑娘在他所耕种过的田地边上跑过，还背了一个书包！——这个他在中间度过了将近二十年的受苦的日子的家乡，这个生了他、养育了他，用地主的皮鞭迎面地抽击过他的家乡，从来不曾这么亲爱过！

“我忘了告诉你啦，”他对着王应洪的耳朵小声说，“我的八岁的女儿秀真，她认得一百二十一个字啦。”

王应洪转过脸来，微微笑了一笑。他当然高兴听到这个，可是他实在不很了解，班长此刻为什么会这么愉快。他觉得这一切只是为了安慰他，可是他是怎么也不能忘记目前的处境的。他摆脱不开这个思想：要不是他，班长早就脱险了。而且他身上的伤口痛得像火烧一般，浑身都没有力气，这就使他对今天晚上的路程更为担心。总之，他的思想是纷乱而苦痛的。渐渐地他抵抗不住身体的疲劳，迷迷糊糊地睡去了。那些苦痛的思想在睡梦中还继续了一会儿，他梦见敌人包围了他们，他想要冲上前去掩护班长，可是他的四肢无论如何也不能动弹。接着，他的梦境变得柔和起来了，年轻的、孩子似的心灵活跃起来了，他梦见了纺车在他的眼前打转——母亲在摇着纺车；仿佛是病了，母亲在守护着他，对他说："好好睡吧，一觉睡到大天光就好啦。"他说："不用，上级给了我重要任务！"于是他向敌后出发。忽然地金圣姬跑了出来，问他："我的手帕你留着啦？"他说："留着啦。"这时朝鲜姑娘们一起围上来了，赞美地看着他胸前的国旗勋章，欢迎他唱歌，他很慌张，想要躲藏。金圣姬说：我代表他吧！于是舞蹈起来。她不是在别的地方舞蹈，而是在北京，天安门前舞蹈，跳给毛主席看。母亲和毛主席站在一起。舞蹈完了，金圣姬扑到母亲跟前，贴着母亲的脸，说："妈妈，我是你的女儿呀！"毛主席看着微笑了；毛主席并且也看了看他，对他点点头，他也没有忘记敬了一个礼。于是他坚强而快乐，继续向敌后出发，走进了一条狭长的山沟，……他心里一惊，苦痛的感觉又恢复过来，他醒来了。那在旁边睁着眼睛守护着他的，不是母亲，而是班长。看见他醒来，班长碰碰他，兴奋地小声说：

"你听！"

他疑惑地听了一下，没有听见什么。

"这还听不出吗？我们的榴弹炮——打青石洞南山。"

果然是的：我们的榴弹炮在向右边的小山头后面的敌人的青石洞南山射击。这不是平常的单发的冷炮，这是急促射，是排炮，每一次总有二三十发炮弹呼啸着穿过他们右前方的天空，然后就传来巨大的隆隆爆炸，连这小山沟里也充满回响。王顺听着这个已经好一阵了。"再来三排，再干！"于是，好像是受着他的指挥似的，一排、两排、三排炮弹过来了。于是他判断着，这一定是副班长他们已经把俘虏弄了回去，情况已经判明，说不定今天晚上就要发起那个准备已久的对青石洞南山的反击战。他把这个判断告诉了王应洪，于是他们兴奋地听着射击声。

不久，在他们后面的一些山头上，传出了敌人的重炮出口的声音，炮弹尖厉地划过空气从他们的顶空飞过去了；在重炮的射击声中，离得很近，还有一个化学迫击炮群的动作。老侦察员的耳朵清楚地判断着这些。有一个重炮群似乎是新出现的，而附近的这个迫击炮群，在这以前更是不曾射击过的，它的位置很利于控制我军向青石洞南山右侧运动的道路。显然的敌人最近布置了许多诡计，我军必须争取时间。他兴奋得甚至有些焦躁了，很懊悔自己不曾携带一个无线电报话机。我们的人有没有弄清楚敌人的炮阵地的这些变化呢?

就像是回答着他的焦心的疑问似的，我军的重炮向着敌人纵深里的重炮阵地，以及附近的这个迫击炮群还击了——也是排炮。落在附近的山头上的巨大的爆炸使得躺在狭窄的小沟里的这两个侦察员都受到了激烈的震动。显然的我军一下子就对准了敌人的新出现的炮阵地。

“肯定了！肯定!”王顺说。俘虏已经捉回，今天晚上就会发起战斗，这个他现在完全肯定了。

他是多么兴奋啊！我军的猛烈的炮击，山沟里的巨大回响，狭窄的小沟里的激烈震动，这一切，使他觉得这是他的部队、首长、同志、亲人们在呼唤他，因那个“洼地上的战役”而欢笑，因他的苦痛而激怒，在支援他。

可是，对于侦察员们最爱听的我军的炮兵的这个合奏，王应洪却没有他的班长这样兴奋，虽然听着这些声音他的睁大着的眼睛也在发亮，并且嘴边上不时地闪过一点严肃的微笑。初上战场时的那些幼稚的激动已经在他的身上消失了，他忍受着他的伤口的痛楚，变得这样地沉着安静，虽然他刚才还以他的全部的年轻的热情梦见过金圣姬，但在清醒的时候他却对这个很冷淡；他觉得他心里很坚强。于是，看起来他的年龄仿佛一下子大了许多，仿佛他已经是身经百战的老兵，而那个热情的班长倒反而更像个青年了。

炮战沉寂下来不久，天就黄昏了。黄昏好像很长，很难耐，但天色毕竟黑了下来。这一天毕竟安静无事地过去了，王顺兴奋地准备出发。他甚至于有兴趣注意到了沟边上的那几棵紫红色的金达莱花，折下了一个带着两朵花的很小的花枝，插在王应洪胸前的衣袋里，并且开玩笑地说：“替咱们那姑娘带朵花去，气死敌人吧。”

天黑定了下来，他们爬出了这隐蔽了一整天的小沟，王顺拖着王应洪；

向前爬行。

可是王应洪仍然怀着昨天夜里以来的那个决心。这决心愈来愈坚强。因而，当两个敌人搜索着巡逻过来，他们又隐蔽在土坎边上的时候，他就悄悄地向前爬行——王顺一下子拉住了他。但今天晚上星光明朗，他们的特别艰难的行动终于叫敌人发觉了。在草丛里又爬行了一阵之后，山边上传来了吼叫，立刻，两个敌人向着这边开着枪扑过来了。王应洪喊着："班长，你快走!"投出了手榴弹而且向前滚去。王顺冲上去打了一梭子子弹，打倒了这两个敌人，背起王应洪就跑。敌人从山边上陆续出现，卡宾枪打了过来——现在用不着再爬行了，没有办法再隐蔽了，于是王顺背着王应洪用所有的力气奔跑起来，在黑暗中高一步低一步地奔跑着，周围飞舞着敌人的盲目的枪弹。

还有五十米不到，就是敌我之间的开阔地了，冲过去！还有三十米，……还有十米了！但敌人追上来了。

"班长，班长!"王应洪喊着。

又跑了两步，王顺一下子卧倒，把王应洪放在一块石头后边，说了一句："你别动，放心吧!"就滚向旁边的一个土包，着手来和敌人做最后的决斗。约有一个班的敌人投掷着手榴弹卷过来了，突然地王应洪跪了起来——他居然还能跪起来——投出了手榴弹，而且越过那块石头一直迎着敌人滚去。王顺心里像刀割一般，拿冲锋枪掩护着他，打完了剩下来的半梭子子弹。凶恶的敌人卧倒了一下又站起，继续冲来。王应洪就整个地出现在敌人面前，拦住了敌人，进行决战了。敌人蜂拥上来，想要活捉他。他打完了冲锋枪里面的子弹，一下子站了起来，用他的负伤的腿向前奔去，奔到敌人的中间，火光一闪——一个手雷爆炸了。

剩下来的几个敌人竟不敢再前进，而这时我军阵地上的火力支援过来了，我军的前沿部队出动了。……

苦痛的班长王顺，抱回了这个崇高的青年。敌人向王应洪拥来的时候他就向前奔去，投出了他那么宝贵地存留着的两颗手榴弹，……然后，他就扑倒在王应洪的身边了，喊着他，抚摩他，推着他，可是他不再动弹了。但他仍然似乎听见了王应洪的柔和的、恳求的声音："班长，我打响的时候……"他哭了，可是他自己不觉得。他以愤怒的大力抱起他来，在呼啸的子弹下，背着他跑过了最后的那几十米的开阔地，跳进了交通沟；对于就在他的头顶和身边呼啸着的子弹，他抱着绝对冷淡的、无动于衷的心情，好像它们是绝对不能碰伤他似的。跳进了自己阵地的交通沟，听见了自己人的声音，他就在一阵软弱里倒下了，但头脑仍然很清醒，紧紧地抱着王应洪，喃喃地说："王应洪，我们回来啦!"

赏读

《洼地上的战役》写于 1953 年 11 月，1954 年发表于《人民文学》。作品是以抗美援朝为题材的作品，歌颂了中朝之间的深厚友谊。作者来到了朝鲜战场，是这场战争的亲历者。小说着力塑造了年轻战士王应洪的形象，他恪守军人职责，对人非常憨直。作者选取了志愿军战士王应洪和朝鲜姑娘金圣姬的爱情故事这一线索来展开，并以大量笔墨描写了他们之间的爱情。作品发表后也引起了强烈的反响，在当时的大环境下可谓褒贬不一。但是今天值得我们认真读一读，来重新审视历史与人性，让我们重温那段凄美的故事。

志愿军侦查员们住在一户金姓朝鲜老乡家里。朝鲜姑娘金圣姬一家人因为中国志愿军的军风，而对他们十分有好感；年轻、单纯的姑娘又由好感而萌生了对志愿军战士王应洪的爱慕遐想之情。这种特殊、微妙的感情，被班长王顺察觉到了。对这种特殊际遇中产生的爱情之芽，你总不能说它是邪恶，很难去苛责它，尤其是对这位老百姓、一个涉世不深天真未泯的少女！王顺发现王应洪一个心眼儿渴望参加正义战争，他在驻地训练时助民为乐，根本没有爱恋异国少女的想法。于是，班长引导王应洪，一方面要珍惜姑娘的爱情，一方面也要严格遵守纪律。王应洪是个积极上进、严格要求自己的青年，他不无痛苦但又是自觉地做出了正确的抉择。一次，王应洪在金圣姬为自己洗过的军装衣袋里，发现姑娘赠送的袜套，他毫不犹豫地把事情报告给班长，并生硬地将袜套还给对方。在执行任务时，他又在衣袋里发现了那双袜套，还有一条绣花手帕。他第一个念头是想向班长汇报，但又犹豫了一下，想等战斗结束后再说，于是就把手帕折起来，放入胸前的口袋，这时他想留下那条手帕。在战斗的间歇中，他把这件事向班长做了汇报，班长出于对他的同情和理解，让他自己保存。不幸的是，在返回途中遇到了敌人的巡逻队，为掩护战友，王应洪牺牲了。王顺将染着烈士鲜血的手帕和王应洪的一张照片交给了金圣姬。最后朝鲜姑娘金圣姬在勇敢面对可爱的战士牺牲之时，感情也变得成熟、庄严而崇高了。

小说善于揭示人物的内心活动，使人物形象更加鲜明、真实、感人。为了更好地展示志愿军战士的伟大精神和美好心灵，作者十分注意对战士和人民之间的深厚感情的揭示，十分细腻地展现了他们的内心世界。如王应洪初知爱情时甜蜜、惊慌的心境；金圣姬对爱情的大胆追求；王顺对两位年轻人之间感情的理解、对家乡亲人的怀念，都增加了人物的真实感和可信性。但在作品的矛盾冲突中，作者基本上止于对爱国主义、军人职责的强调，而并未能够深入探讨人对个体情感捍卫的正当性、人为集体利益放弃个体价值时的复杂内心世界。王应洪过于单纯地认定了自己情感的非法性，小说以揭示人物内心的矛盾斗争来思考复杂的人性。

《洼地上的战役》大胆地涉及了战争中不同国籍、不同民族的人之间的爱情问题。小说虽然经历岁月沧桑的考验，但仍是一篇富有艺术魅力的值得一读的佳作。

作品

高山下的花环（节选）[1]

李存葆

战斗愈来愈残酷了。

当我们每人分到的两根甘蔗刚刚嚼完，主峰上的敌人居高临下，又一次向我们实施炮击。这次炮击比前几次更疯狂，更凶狠，炮击持续了长达半小时之久。无名高地上，我们作为依托和立足点的堑壕，前后左右，到处弹坑累累。扑面的硝烟使我们睁不开眼，浓重的TNT味儿呛得我们喘不出气。

炮击刚停，主峰山半腰的两个敌堡，用平射的高射机枪、轻重机枪，向我们这无名高地扫射……

显然，敌人是要从南面反扑了！

“三排，压制敌火力！”梁三喜大声喊道。

我们刚从堑壕里探出头，便见一群敌人已爬上堑壕前的陡崖，离我们只有十几米了！

“打！”梁三喜边喊边端起轻机枪，对着敌群猛扫！全速奋起向偷袭过来的敌群开火，瞬间，阵地前的敌人便被我们打得

① 选自《高山下的花环》（北京出版社1983年版）。李存葆，生于1946年，山东五莲人，著有《将门虎子》《山中》《大河遗梦》等。

如同王八偷西瓜，滚的滚，爬的爬……

这群敌人是从主峰上下来的。他们趁炮击时我们无法观察，便越过主峰和无名高地间的凹部，偷袭到我们的阵地前沿。真险啊，如果我们稍迟几秒钟发现他们，他们就扑进我们的堑壕里来了！

当敌人的反扑又被我们打退后，敌我双方又平静下来。

这时，报务员跑到梁三喜跟前，说营长在报话机中呼叫九连。

梁三喜极其简要地向营长报告了我们攻下无名高地的经过。营长在报话机中告诉我们：营指挥所和营所属另外三个连队，离我们这无名高地直线距离还有十公里左右。预定的穿插计划因战局发展被打乱，他们已不能按预定方案按时到达预定位置了。眼下，三个连队正分头扼守山口要道，阻截从第一线溃逃下来的敌兵，保证大部队全歼逃敌。因此，他们一时腾不出兵力来支援我们。营长还收回了他昨天对我们的批评，并传达了师、团首长对我们九连的嘉奖令，说我们昨天的穿插速度是相当惊人的！……

是的，当他们也在我们昨天的穿插路上走一走时，他们便会晓得我们九连为啥误了 122 分钟！

“困难，你们有啥困难吗？”营长问。

“伤亡已超过三分之一，断粮断水！”梁三喜喊道，“水，主要是缺水！”

“坚持，你们想办法坚持！要坚持到明天头午，我们才能上去！”少停，营长喊道，“团首长指示，如果攻下主峰有困难，你们就坚守在无名高地上，等我们上去再说！”

“不行，我们不能在这无名高地上坚持！要死，也只有到主峰上去死！”

“怎么？你是梁三喜还是靳开来，牢骚不轻呀！”

“报告营长，靳开来已经牺牲，我是梁三喜！”梁三喜脸色铁青，“主峰上有敌人的迫击炮阵地，一个点地朝我们头上打炮。如果在这无名高地上坚持到明天头午，九连必将全连覆没！”

…………

跟营长通罢电话，梁三喜对我说：“指导员，召开个党员会吧。”

我忙通知党员开会。这时，一些不是党员的战士，也纷纷把他们早写好的火线入党申请书递到我手上，问我可不可以列席参加党员会。我眼里一热，忙说：“可以，绝对可以！”

此时要求入党，绝不是去领取一张谋取私利的通行证，而是准备向党献出一腔热血！

梁三喜对围拢过来的党员、非党员说：“我们不能再被动挨炮了，要主动出击！我提议组成党员突击队，去拿下面前的主峰，去占领敌炮阵地！”

战士“北京”接上说：“连长的话极有道理。看来主峰上敌兵力并不多，他们主要是靠炮来杀伤我们。只有我们站在敌炮阵地上，我们九连才能有点安全感。”

梁三喜望了望众人，宣布了两道命令：任命战前刚提升的炮排长为代理副连长，任命战士“北京”为代理炮排长。

说罢，他问我：“来不及碰头商量了。指导员，你看怎样？”

我连连点头同意。眼下让谁升官，既不需升官者为自己“走后门”，更不需有人为升官者当说客，说文了叫“受命于危难之际”，说白了便是靳开来的话，给你个带头去死的差事！

战士“北京”对梁三喜说：“连长，这种时候我是不会谦虚的。说实话，让我指挥一个炮排，我还是颇能胜任的。不过，我用‘八二无’去炸敌碉堡还有点绝招，因此，我觉得让我作为一名炮手去行动，更能见成效。”

梁三喜一听有理，点头同意了“北京”的要求。

以党、团员为主的突击队组成了。

梁三喜当即决定：由新任命的代理副连长和他带队，分头从主峰左右侧去攻占主峰。他让我和三排留下扼守无名高地，掩护他们出击……

“连长，你的胳臂已负过伤了！”我吼了起来，“如果你觉得我赵蒙生还有种，这突击队由我来带！”

“少废话！你有没有种，战场上大家不都看见到了吗！”梁三喜的眼里射出不容分说的光，“可讲指挥能力，你还不过关！行了，趁敌还未炮击，要分秒必争！”他转脸对战士“北京”一挥手，“带足炮弹，你和弹药手们先顺坡滑下去，速度越快越好！”

无名高地和主峰间是个“凹”形，我阵地面前的坡崖坡陡七十多度，而坡崖又完全暴露在主峰之敌的射界下。当战士“北京”抱着“八二无”炮身，和弹药手们急速从坡崖上滑下去时，主峰山半腰的两个敌碉堡，便开始不停地封锁扫射……

“三排，压制吸引敌火力！”梁三喜命令。

三排对准敌碉堡开火，但狡猾的敌人并不理会，仍不时地朝我面前的坡崖实施拦阻扫射……

要通过这完全暴露在敌射界之下的坡崖，谈何容易啊！

梁三喜皱起眉头。稍停，他对突击队员们大声喊道："看着点！都按我的样子办！"

说罢，只见他把一挺轻机枪抱在怀中，趁敌射击间隙，飞身跃出堑壕，猛地朝山下滚进，滚进……

我惊呆了！一个基层指挥员在战斗最紧要的关头，他把忠诚、勇敢和智慧所包含的全部内容变为沉着，继而从沉着中又产生出这果断而不惜赴汤蹈火的行动！

他成功了。

突击队员们学着他的样子，瞅准敌射击间隙，一个个先后"噌噌"跃出堑壕，滚进，急速朝坡崖下滚进……

过了会，敌人停止扫射。无名高地上安静无事，我心中越发不安。我问自己："你不是立誓要血洗自己的耻辱吗？那你为啥不像梁三喜那样去冲锋?!"

敌人又开始拦阻扫射了。我抓过冲锋枪抱在怀中，对三排喊道："你们坚守，我过去！"

我大步跨出堑壕，横身倒在坡崖上，拼命往山下滚进……

我当时想的是：都是爹娘生的，连长梁三喜是人，我也是人，他能去做的事，我这当指导员的也应照着去做，才算称职！

也怪，滚到山间，除了感到周身麻木外，竟觉不得疼。

主峰上下全是一人多深的芭茅草，一接近它，便躲过了敌人的射界。我火速爬着赶上了梁三喜他们。梁三喜见我来了，也没责怪我。

三排仍不时向敌人射击，敌人也不断还击。我们在草丛中攀缘而上，去接近敌堡……

爬了一大阵子，猫起腰便看见敌堡了。

战士"北京"对梁三喜说："连长，距离最多有五十米。放心，绝对不用打第二炮，干吧！"

梁三喜点头同意。

战士"北京"当即把炮弹装进炮膛。少许，他肩起"八二无"炮身，"噌"地站起来，勾动了扳机！然而，没见炮口喷火！

战士“北京”一下卧倒在地。敌人的子弹“嗖嗖”从我们头顶上飞过……

“怎么？是臭弹？”梁三喜问。

“嗯。是发臭弹。”“北京”说着，忙把臭弹退出炮膛。弹药手赶忙又递给他一发炮弹，他又将炮弹装进了炮膛。

稍停，他又肩起炮，猛地站起身，又一次勾响了扳机，却又一次没见炮口喷火！

“哒哒哒哒……”敌人一串子弹射来，战士“北京”一头栽倒在地上！

“‘北京’！‘北京’同志……”我和梁三喜同声呼唤着。

一切都发生在瞬息之间！

战士“北京”倒在血泊中，身上七处中弹。中的是平射过来的高射机枪子弹，处处伤口大如酒盅，喷出股股热血……

呵，倒下了，一个多么优秀的士兵又倒下了！他连哼一声也没来得及，眨眼间便告别了人生！他二十出头正年轻，芬芳的生活正向他招手！他是那样机敏果敢，他是多么富有才华！昨天晚上，他还以将军般的运筹帷幄，为我们攻打无名高地献出了令人折服的战斗方案！可此刻，他竟这样倒下了！他从北京部队奔赴前线补到我们连，到眼下才刚刚两天，我们还不知道他叫啥名字啊！五十米的距离上，他不瞄准也绝对有把握一炮一个敌碉堡！可臭弹，该死的两发臭弹！！

梁三喜怒对爬到眼前的弹药手：“他的死，你要负责任！”

弹药手沉下头不吱声。我知道，梁三喜这是由极度悲恸产生的激怒，而激怒又变为这无谓的埋怨！在同生共死的战场上，有哪位弹药手愿意出现臭弹啊！

“怎么两发都是臭弹？咹！”

“早晨打无名高地时，就已出现过一发臭弹。”弹药手伤心地回答梁三喜，“为啥是臭弹，你看看弹身上的标号就晓得……”

梁三喜从战士“北京”身下双手摸过血染的炮身，把那发还在炮膛中的臭弹猛一下退出来，忿然甩出老远！他接过弹药手递过来的炮弹，一下装进了炮膛。

梁三喜肩起炮身。说时迟，那时快，他猛地站起来，眨眼间便见炮口喷火！炮弹“轰”地炸开，敌碉堡被炸得粉碎……

碎石泥尘还在唰唰下落，我们便跃起身，迎着硝烟气浪上前扑去！

上来了！上来了！从左右两侧出击的突击队员，还有从主峰正面待机冲锋的步兵一排，一齐呐喊着，冲上了山顶！

我们，终于站在了364高地主峰上！

“注意搜索残敌！”梁三喜命令说。

我放眼望去，山顶上敌堑壕里一片狼藉，空无一人。位于山顶右侧的炮阵地上，有十几门横倒竖歪的120迫击炮，遍地是待发的炮弹，还有那一箱箱未开封的炮弹箱摆在周围……这时，我才更觉出梁三喜判断的准确，决策的正确！如果不攻占这炮阵地，我们坚守在无名高地上是会全连覆没的！

山顶上到处是巉岩怪石。我们沿着堑壕南边向西搜索。

段雨国兴冲冲地来到我和梁三喜身边：“连长，指导员，胜利啦，我们终于胜利啦！这次战斗，能写个很好的电影剧本！”

我望着段雨国那副乐样儿，真没想到他也攻上了主峰！

“隐——蔽！”只听身后的梁三喜大喊一声，接着我便被他猛踹了一脚，我一头跌进堑壕里！跟着传来“哒哒哒”一阵枪响……

当我从堑壕里抬头看时，啊！梁三喜——我们的连长倒下了！

我不顾一切地扑过去。

“连长！连长！”我一腚坐在地下，把他扶在我怀中……

他微微睁开眼，右手紧紧攥着左胸上的口袋，有气无力地对我说：“这里……有我……一张欠账单……”

一句话没说完，他的头便歪倒在我的胳臂弯上，身子慢慢地沉了下去，他攥在左胸上的手也松开了……

我一看，子弹打在他左胸上，打在了人体最要害的部位，打在了他的心脏旁！他的脸转眼间就变得蜡黄蜡黄……

“连长！连长！”战士们围过来，哭喊着。

“连——长！”段雨国扑到梁三喜身上号啕起来，“连长！怪我……都怪我呀……”

梦，这该是场梦吧？战斗就要结束了，梁三喜怎么会这样离开我们！当理智告诉我，这一切已在瞬息间千真万确地发生了时，我紧紧抱着梁三喜，疯了似的哭喊着……

讲到这，赵蒙生两手攥成拳捶打着头，泪涌如注。他已完全置身于当时的场景中了。我用手擦着不知啥时流下的泪，为梁三喜的死感到极为惋惜和沉痛。

过了良久，赵蒙生才抬起泪脸，喃喃地对我说：“子弹，是一个躲在岩石后面的敌人射过来的。显然，梁三喜最先发现了敌人，如果他不踹我那一脚的话，他完全来得及躲开敌人，可为了我，他……”段雨国内疚地哽咽说：“怪我，都怪我啊！怪我当时让胜利冲昏了头脑，才使指导员先顾了跟我说话，才使连长他……”

停了会，赵蒙生接上说：“痛哭过后，我想起梁三喜临终前没说完的那句话，我从那热血喷涌的弹洞旁边，从他那左胸的口袋里，发现了这……”赵蒙生说着，从一本硬皮日记本里，拿出一片纸，用瑟瑟发抖的手递给我，“你……你看看……”

我接过一看，这是一张血染的纸条。这纸条是三十二开笔记本纸的小半页，四指见方。烈士的笔锋刚劲，字迹虽被血浸染过，但依然清晰可辨。只见上面写着：

我的欠账单

借：本连司务长 120 元

借：本团刘参谋 70 元

借：团后勤王处长 40 元

借：营孙副政教 50 元

…………

梁三喜烈士留下的这张欠账单上，密密麻麻写着十七位同志的名字，欠账总额是六百二十元。

我顿感头皮麻嗖嗖的！眼下，我虽还不知梁三喜为啥欠了这么多的账，但我已悟出，为啥赵蒙生在前面的讲述中，一再讲到梁三喜抽的是黑乎乎的旱烟末，连块手表也没有，用的牙刷只剩“八撮毛”……

赏读

新中国成立后 17 年的一些军事小说往往忽略了军队生活与整个社会有着千丝万缕的联系，视野狭窄，近乎成了一种孤立的“军营文学”。《高山下的花环》打破“军营文学”的常规，通过描写云南边防部队某部三营九连指导员在战前、战中、战后的生活，塑造了一系列有着崇高思想品质、道德情操的当代军人英雄群像，冲破了“军营文学”“无冲突论”的老套，正视并深刻反映现实生活的矛盾冲突，揭示军队内部矛盾和历史伤痛，展现了广阔的社会生活画面。

在20世纪80年代初大量涌现的取材于自卫还击战的文学作品中，《高山下的花环》引起了最强烈的反响，是因为作品写出了那些平凡的人们崇高而伟大的心灵。最有代表性的，当然是梁三喜和他70岁的老母亲。

梁三喜这个来自革命老区的连长，在极度贫困的生活中，默默为部队建设、为国家尊严献出了自己的一切。临死前他留下的不是惊天动地的豪言壮语，而是一纸染上鲜血的欠账单。梁大娘在战争年代已经为革命献出了第一个儿子。二儿子和丈夫也在“文化大革命”中死去，但她把唯一的儿子交给部队，独自用苍老的双肩支撑着那个只剩下女性的家庭。为了偿还儿子欠下的债，她拿出全部的抚恤金还不够。为了省下一点车票钱，竟和儿媳抱着出生3个月的盼盼翻山越岭走了4天。他们太平凡了，他们在艰难的生活中挣扎着，然而他们的心灵却是那样崇高，那样圣洁。小说对读者所具有的震撼力量和净化力量，主要源于从平凡中写出伟大。

铁面无私、高风亮节的雷军长使人感受到的是老革命家的坦荡襟怀和凛然正气，他与梁家人相映生辉，增强了小说的感染力，但作家并没有因此把社会生活简单化、理想化。相反，他自觉地、大胆地表现了特定社会环境中部队生活的复杂性乃至阴暗面。吴爽及其儿子赵蒙生在战斗打响之前的种种表现就是最好的例证。靳开来那种“打起仗来还得靠咱这些庄户孙”的愤激之词，不是没有道理的。对这种复杂性与阴暗面的揭示一方面丰富了小说的内容，另一方面也反衬出梁家人和雷军长的崇高。

在人物塑造方面，小说没有简单地把那些兵写成清一色服从纪律、认真训练、板着同一副面孔的好战士，而是注意写出他们不同的个性，哪怕是通过缺点体现出来的个性：养尊处优，生活懒散的赵蒙生；留长头发，做着作家梦的段雨国；脾气暴躁的靳开来。小说也没有仅仅写官兵们英勇杀敌、为国捐躯的壮烈行动，而是写出他们丰富、复杂的情感世界。以靳开来这个疾恶如仇、看起来有些粗鲁的汉子为例，他那样体贴梁三喜，劝梁三喜在妻子生孩子之前赶回家。面临死亡，他断然把带尖刀排的任务留给自己。置身于激烈的战斗中，他随身带着全家的合影，并且记得儿子的生日。正是这种描写使解放军官兵成为有血有肉、有七情六欲的人，增强了小说的真实感。

在对生活深度的揭示方面，小说也有其独到处。它直接取材于对越自卫反击战，但并未局限于这场战争。相反，它通过某些人或物，把现实生活同历史联系起来。比如通过梁大娘、雷军长、吴爽等人，把抗日战争的生活片断引入作品；通过梁二喜、梁大爷，写出“文化大革命”中沂蒙山乡村生活的某些侧面；通过置雷凯华于死地的两发臭弹，写出“文化大革命”中军工厂的生产状况。这种写法不仅强化了作品的历史纵深感，更主要的是它包含了对历史和现实的某种理解与评价。这种理解和评价早已超出了战争生活的范围，使作品具有了更丰富的思想内容。这部小说已经不仅仅是军事文学作品，战争生活只是其理解历史与现实的一种参照物。

在艺术方面应注意的是这篇小说的叙述方式。小说从李干事对作品主人公之一的赵蒙生的采访开始，然后从赵蒙生的角度用第一人称来叙述。这样不仅使小说具有了朴素自然的语言风格，而且给人以强烈的真实感，增强了小说的感染力。

原来是成长岁月中的记忆，给 20 世纪 60 年代一代人留下了战争的伤痕，感染了 70 年代一代人的精神。这样的一本书，这样的一群人，这样的一段历史，都不应该被遗忘，值得你我重新开卷！

作品

北纬 41 度线[①]

陈怀国

这应该是很久以前的事情了。那时，我们连还在北纬 41°线上执行特殊任务。因此竟意外地得到一台破卡车。车鼻子印着一溜曲里拐弯的外国字，全连没有一个人能认得出。

“斯可达，知道不？叫斯可达。”

随车调来的红鼻子老兵从车肚子底下钻出来，挥舞着棉纱有些得意地说。激动的红鼻子在阳光下闪闪发光。

后来我们才知道，破卡车是苏联的进口货，那溜曲里拐弯的外国字竟真的是“斯可达”。红鼻子老兵和斯可达一起被编制在勤杂班，和卫生员、饲养员之类住在同一间地窖里。那时我们的供给要到南疆的边城且末县去拉。除此之外，这台卡车还偶尔为 41°线上的其他分散点拉点零星的货物，跑跑北疆的霍城、独山子等地。在单独执行几次任务后，老兵慎重地向连部报告说，他要培训一名副驾驶。

连长接到报告后，认为这个严肃的问题总有点滑稽，于

① 选自《解放军文艺》杂志，1989 年第 11 期。陈怀国，生于 1963 年，湖北谷城人，著有《遍地葵花》《毛雪》《黄军装黄土地》等。

是，用紧蹙的眉头掩饰住嘲笑的神情，对面前的老兵说：

“副驾驶？是不是等我们把你的意见转告给营里，请他们给派一位来？”

“不，我自己训！”

“自己训？”连长终于笑起来，“好，全连的新兵随你挑，通信员也在内。”

老兵从连部的地窖退出来，反剪着手，一脸庄严的神色下到每一座地窖去。但他认为没有一个合适的。那天的中午饭过后。他却在厨房后面的猪圈里意外地发现一个兵。

“唉，我说，我怎么没有发现你。”他对正在喂猪的新兵说。

“班长，我是饲养员，我们住一个屋。”新兵笑起来，露出一口整齐的白牙齿，“我叫孙世伟，和你床挨床住着。”

“哦？我说呢，总像在哪儿见过你。”

“班长工作忙，早出去，晚回来……”

“别说啦，你狗子的像个地老鼠，还怪班长没有看见你。你叫什么？叫孙刺猬？好啦，别解释，知道你叫孙世伟，和你狗子的开个小玩笑。我叫何立福，听起来像喝一壶是吧？要敢这样叫，老子撕烂你狗子的兔嘴。”

新兵笑眯眯地看老兵，眼睛盯在那颗红溜溜的鼻子上。

“我说，你狗子的不要喂猪了，从今天起跟我去开车。开车，知道不？当副驾驶！”

第二天，在连队站着许多人的操场上，老兵向他新选的副驾驶发出了第一道命令。庄严肃穆，一脸的戈壁滩表情，使新兵和所有人都感到吃惊。

“秃子，擦车。”

老兵在一只脚踏上踏板时，对面前穿着一身新军装、还在发呆的新兵喊。接着新兵又被命令去提水，然后站在斯可达的鼻子上将水小心谨慎地灌下去。新兵感到老兵的那双眼睛在挡风玻璃后面一眨不眨地盯自己。在所有准备工作就绪后，他才被获准坐进驾驶室。在众人的注目下，斯可达终于出发了。

汽车沿着41°线前进。公路紧贴在孔雀河谷北岸，顺着年深日久的河道曲曲弯弯向前伸展。幽深的河谷里偶尔有强劲的风吹过来，带有一股腐烂芦苇的恶臭味。南岸险峻的峭壁上有攀登的黄羊。新兵很不踏实地坐在驾驶室内，把目光在河谷对岸与公路前方徘徊着，心里一直思考着红鼻子班长。有一会儿，他试图猜测出这位老兵的年龄，但他无论如何也拿不准。甚至连一个他认为适当的界线也划不出。有三十，也许有四十了，但作为一个兵似乎不应该有这样老。这样想的时候，他终于把目光移向老兵的脸上，又盯上了那颗快要滴血的红鼻子。

一个急转弯儿，老兵麻利地扭动几下方向盘。汽车绕过一个突出的山头，从悬在河谷上的路段上驶过去。那几个动作在新兵的眼里很漂亮很潇洒，令他眼花缭乱。但他认为老兵的动作有些夸张。

“你狗子的终于还是要看我。”老兵有些得意地说。

新兵又只好把目光移到前方的公路上，接着刚才的问题想下去。他觉得这个看不出年龄的老兵的确有点怪，昨天在猪圈时的那副滑稽相，以及说话时那些稀奇古怪的口头语，还有今天早上的一脸戈壁滩表情，都有点说不出的怪……前方的公路非常单调非常寂寞，像一条没有尽头的弹簧线。每一个挡住了视线的拐弯处都像藏着点莫名其妙的东西，但在汽车开过时，公路又被远方的山头扯直了，什么玩意儿也没有，总让人感到有希望又失望。每当老兵撮起没有胡子的嘴唇吹起单调的口哨时，新兵就有点寂寞的想睡觉，只是无论如何也睡不着。41°线坑坑洼洼的公路总要从他心里颠出点什么东西来。

“我说，”老兵终于也耐不住寂寞了，“你知道我为什么挑选你当副驾驶？”

“不知道。”

“你知道我为什么喊你秃子？”老兵像沉浸在一件久远往事的回忆中。

“不知道。”

“你说我为什么要到你们41°线来开车？”

“不知道。”

“你当然不知道。”老兵有些生气地说。于是，在41°线九百公里的道路上，他们都没再说一句话。只有老兵偶尔吸吸鼻子，把一口浓痰从车窗口吐向公路下边的大漠上。

在很长时间内，新兵只被允许干些擦车、摇车和上水的活儿。直到有一天，老兵无意间看见新兵在驾驶室里手握方向盘，学着自己的模样来来回回地扭，才蹙着眉头问：

“你真学开车？”

新兵望着老兵的鼻子点点头。

“不后悔?”

新兵还是点点头。

“唉，没准儿我把你狗子的给害了。”

中午，班长破例把新兵领进小饭馆，自己掏钱让新兵要了三个烤馕和三大碗面条儿。饭端到桌子上，老兵却突然开口说：

“秃子，你猜班长能不能把这些全吃完?”

“你又不是牛肚子。”新兵看着班长笑。

老兵不再说话，连新兵也不再看一眼，一手拿烤馕，一手夹面条儿，一气不停把面条和烤馕全收拾了，然后愣愣地盯着新兵看。回到车上，他才对饿着肚子的新兵说：

“秃子，今天算你孝敬我，拜师学艺总得有个规矩，知道不?”

“可那是你自己掏钱买的饭。”新兵的眼眶一阵阵发酸。

“你得饿一顿，”老兵把手伸过去捏着新兵厚厚的耳朵垂子说，“不是班长舍不得……知道不?”

从那以后，在41°线以外平坦的公路上，新兵常常可以开上一段车。但一切都在班长的严密注视下。在没有任务的时候，老兵就把车开到连队后面的戈壁滩上去，用白石灰在地上撒出许多弯弯曲曲的线，在拐角的地方插上红柳棍，让新兵来来回回地开。

一切都很有秩序地进展着，对新兵的进步班长似乎很满意。新兵开车的样子很像他，甚至也学会了吹那种单调的口哨。但在冬天的有一次，满载着面粉的斯可达刚从且末县开出来不久，班长突然命令将车停下来。新兵还以为班长要撒尿。

“打开工具箱。”班长很平静。

“把钳子拿出来。”班长看着前方的公路继续说。

“把嘴张开。”班长把一口痰呸的一声吐在公路上。

新兵犹豫着莫名其妙地张开嘴。

“往牙齿上敲!”

新兵听话的轻轻敲一下。

“使劲敲!”

嘣的一声，新兵的一块牙齿飞到了前面的挡风玻璃上。

“知道为什么不?”老兵这时才回过头，红鼻子呼呼喘着气，“汽车也和人一样有牙齿知道不?到现在换个档还吱吱嘎嘎响，汽车也知道疼，知道不?”

从挡风玻璃上弹回来的牙齿落在新兵和班长的座位中间，在油乎乎的驾驶室里显得很耀眼，牙缝中流出的血被新兵咕嘟一声吞回肚子里。两行泪从新兵满是油垢的脸上滚下来。

汽车继续出发时，老兵开始眺望远处奇形怪状的山冈。光秃秃的山上连一根草也没有，深褐的颜色像干涸的马血和秋天褪尽毛的野骆驼皮。无数个岩石窟窿像鬼怪的眼睛，阴森森地盯着大漠上这条单薄的公路。在山与山之间卷成的皱折里还残留着一片片皑皑白雪。这些都丝毫引不起老兵的兴趣。他在想自己选中的这个副驾驶简直还是个小娃子，他甚至有点后悔当初的选择。要不是在猪圈里意外地发现这个像地老鼠一样的兵，说不定他真的会把连部的通信员选中，不过那也还是个小娃子。这样想的时候也让他感到乏味和伤脑筋，对任何事情他都没有深想下去的习惯，有那种习惯还是很久以前的事情了。相比起来，他倒是喜欢经常想一想这台跟了他很久的斯可达。斯可达是他这些年生活的一部分。那时，他也还是个刚入伍的小娃子，被编在志愿军暂编汽车第十七团。第一次坐进斯可达的驾驶室，还能闻到新鲜的油漆味。战争还没结束，团队就奉命调离前线，他的档案里多了一张“赴朝参战”的卡片，但他连朝鲜半岛的国土也没踏上去一步。团队实行的是接力运输。那时他刚参加完短期集训，被编在“第一棒”（团史上是这么写的），只负责把物资运送到离鸭绿江还有几十公里的一个大货场。后来转战福建，青海高原，江西上饶直到革命圣地延安去执行抢险救灾任务。生活一直像斯可达磨光牙齿的轮胎，平平淡淡。只有一次，生活中突然意外地翻卷起一朵灿烂的浪花。

那是驻营在上饶的时候，在全国开展轰轰烈烈的爱国卫生运动中，他成了全团捕鼠能手，团长亲自给他戴上了光荣花。他还记得团长在他的肩膀上亲切地拍了一巴掌，还记得全团计捕鼠十五万余只，麻雀一万一千只，苍蝇、蛆虫不计其数。这几个数字是他在团长念嘉奖通报时记住的。当时他激动得脚板心冒汗，从眼前飞过的几只苍蝇他一点也不厌恶，甚至觉得这些双眼皮双翅膀有六条腿的小生命非常美丽非常可爱。当年美国鬼子也没能让他立上功，没想到这些生活中最常见的小生命却帮助自己登上了一个辉煌的制高点。团长说，伟大的贡献在最平凡的工作中。这真是一句大实话，简直是说给自己一个人听的。虽然他听说过不少团长在战争年代的风流事，但他还是觉得团长比他所见过的所有领导都亲切都可爱。他始终对上饶怀有深刻的记忆，对那里一草一木都有一种缠绵的眷恋之情。

不过，在来到了这块原始的大漠上之后，过去的一切都一下子变得非常遥远了。这里的土地好像厚一些重一些，连凉水也有一股沉甸甸的味儿，人在这里轻飘飘地就像一只蚂蚁一只臭虫那样渺小可怜。灰不溜秋的大戈壁像一块大包裹把你围起来包得紧紧的连气也喘不出，空气中充满了磁性，把你从这块土地以外带来的所有东西，从你的大脑里心旮旯里和五脏六腑中吸吮得干干净净一点不剩。虽然他对自己成为捕鼠能手的历史还保持着顽强的记忆，但这也只是在来到这块土地上那些最初的时间里，后来他把那点东西咂摸得太久了，就逐渐模糊了，就再也嚼不出一点味道了。

那年八月，他们突然奉命开赴大西北，参加原子弹基地的特种工程，在许许多多的波峰浪谷里有许许多多有滋有味的故事等着人们走进去，但他和斯可达都不再年轻了。从敦煌到楼兰再到罗布泊，在这条充满艰辛和荣誉苦难和功勋荆棘和鲜花用古代和现代的辉煌历史铺成的道路上，他和老伙伴始终没能跑到前面去。第一次试验时他正在给生产点拉羊粪的途中，那个十月的中午他仿佛感到在晴朗的天空有一串雷声从遥远的天边滚过来，雷声远去了，他望着无云的天空不可思议地摇摇头，后来才清楚那是怎么一回事。第二次试验时，斯可达抛锚在北疆的独山子，赶回基地时，试验到了最后的关头，被堵在场区的警戒线以外。直到第三次，他死活也要呆在车场，场区以外的地方哪儿也不去了。但去执行一线任务的全是国产的解放牌，他和斯可达一直孤零零地呆在车场的角落里。到后来，他不再想什么立功了，只盼听一次原子弹的爆炸声，或者看一眼那朵奇特的蘑菇云。不然，他会像在朝鲜战争时没有听到枪炮声，没有见到美国鬼子一样遗憾。他没有多少机会了。每次别人说斯可达老掉了牙，他都要下意识地摸摸自己的牙齿，总怀疑别人是说他的。所以他来到41°线。在这里人们一天也离不开斯可达，他可以多呆上一年或者是两年。机会，也许还会有。

从且末出发时，天气有些阴沉，太阳若隐若现地显露了一下，这种不死不活的鬼天气老兵已经司空见惯了。东北风像往常一样不紧不慢地吹着，一点也看不出要下雪的样子。他甚至希望下点雪。冬天以来，最初那场雪过后已经好久没有下雪了，戈壁滩裸露着像被剥下的一块死牛皮，整天看也没看出一点味道来。下场雪变变颜色也许会新鲜点。

傍晚的时候，西北风有些急了，天空变得瘦小起来，一股无形的东西从四面八方挤过来。斯可达由老兵开着刚进入41°线，盐末子一样的雪粒终于被抖落在荒原上。未免也太早了点。老兵在心里咕嘟着。没过多久，已经听不见最初雪粒打在风雨板和玻璃上的噼里叭拉的声音。车头上被雪覆盖了，每隔一会儿，新兵就要用棍子从驾驶室伸出去，把玻璃上的积雪捣下去。车速明显地一点点往下减，公路上已经有了很厚的积雪。天黑下来，车灯照在白雪地上显得昏黄暗淡。老兵虽然对这条险峻的公路非常熟悉，却也没有再开下去的勇气了。

在一个稍微平坦宽敞的路段上将车停稳后，新兵跳下车在雪地里摸索一阵搬回几块石头，分别堵在前后轮胎下，然后和老兵一起爬上车，将被风掀开的篷布角重新掖好。

回到驾驶室后，老兵长出一口气。雪夜的宁静给他带来一种轻松和惬意。这对他算不上什么意外，回顾许多个这样的夜晚，倒像一串珍珠可以把这些年的生活一点一点地串联起来，变得清晰了。不用他去捻动，一颗颗链珠也会旋转起来。于是，在过去平淡无味的生活中就会旋转出一圈圈小小的涟漪，然后漫漫荡开去，轻轻地摇晃他。除此之外，过去的一切总是模糊一片，糊糊涂涂没法说清。

汽车没有放水，也没有熄火，一直嘟嘟地响着，他们就这样坐着。后来老兵又下去一次，把羊皮大衣盖在发动机前的水箱上。

在最初的一阵不安过后，新兵变得像老兵一样坦然了。在41°线上行驶了很久，他还是第一次遇到这样的情况，他未免有点紧张和恐惧。在全身有些麻木后，他也不感到那么冷了，只是有点昏昏欲睡。过一会儿，老兵使劲轰一下油门，间隔的时间很有节奏，大约在半小时来一次。每一次风雨板和其他松动的部位都跟着一阵吱吱呀呀地响，也会引起驾驶室内一阵轻微的颤动。新兵每次总是在快睡着时被惊醒。每隔一会儿，老兵还总要把车窗玻璃摇下来，让雪风朝驾驶室里灌，老兵自己也冻得直吸鼻子。他想班长这样做肯定有道理，就只好忍耐着，在估计到班长快要摇玻璃时，把头往大衣领子里缩一缩。有一会儿，他实在抵抗不住了，像神志不清了，就把头在大衣领子里埋得再深些开始睡起来。虽然还能感觉到汽车轻微地颤动，但已经模模糊糊不记得在什么地方了。或许以为自己还是小时候坐在父亲肩上颤颤悠悠的竹筐里。那时，每次到姥姥家去，总是母亲领着姐姐在后面，父亲用一对箩筐挑着他和弟弟在前面走。有时在他坐的箩筐里也许会放一只送给姥姥的老母鸡或是其他一点什么好吃的东西。

再一次醒来，是被班长嘿嘿的笑声惊醒的。班长的笑声阴森可怖又得意扬扬。他醒来时班长还在笑。

“妈的，做了一个梦。”班长踏一下油门告诉他。

“做梦？”

“你不信？”

“你醒着能做梦？”

“这有啥稀奇，站着走路还能睡觉呢。跟你狗子的小娃子说毬不清。”

新兵感到一阵悲哀和难过。班长总把自己当小娃子看，很多话总像是欺骗他或者在哄他。也许真的自己还不懂。

一阵沉默后，班长把手伸过来又捏他厚厚的耳朵垂子玩。班长已经养成习惯了，有时车在公路上跑，一手握着方向盘，另一只手还要捏着他的耳朵玩。他开车时有好几次也想这样做，但终于没敢把手伸过去。班长的耳朵小，瘦得光骨头，他也不忍心去捏。

“秃子，唱个歌，”班长在黑暗中说，“不要唱部队的歌，唱你们家乡的，我没有听过的歌。”

新兵感到很为难，但不一会儿自己先在心里笑起来。

“班长，你有妹妹吗？”

“没有。”

“好，我唱：

班长站岗我巡逻
班长洗碗我涮锅
班长要问为什么
你的妹妹要嫁我
班长的衣服我来洗
班长的头发我来理
班长写信我拿纸
班长起床我叠被子
班长是我的大舅子”

“你狗子的想好事。”班长忍不住笑起来，也唱：

秃子站岗我巡逻
秃子洗碗我涮锅
秃子问我为什么
秃子的……

“秃子，你有姐姐吗？”

“有。”

“那就算毬了。”

“班长，你怎么一直把我叫秃子？”

“小时候我有个朋友是秃子，”班长半闭着眼睛平静地说，像讲一个很久以前的老故事，“其实，头上只是一个疤，从娘肚子里爬出来就有。都说是阎王爷打错了地方。后来饿死了。真像你，只是耳朵上多了两个小疣子，像两个小火柴头儿，被我揪掉过几次，后来又长好了。”

老兵又一次摇下窗玻璃，雪风又一次灌进来。他终于把手从新兵温暖的耳朵上缩回去。等闭上眼睛后，他又重新回到了刚才的梦境中。在梦中他领着新兵站在试验场的最前方，正等待原子弹的爆炸。在汽车部队时，新兵们不愿上他的破卡车，不愿给他当徒弟，嫌他的车也嫌他的人。于是在他带着徒弟站在原子弹面前时，终于笑出来。

这样的梦他常做。

那年冬天，很多人复员走了，老兵又顽强地留下来。第二年夏天，终于又一次新的核试验任务来临了。

机会来了。那个梦可以完整地实现了。

老兵在心里想。但不是立功的机会，绝对不是。这一点他心里很清楚。在41°线不会有功立。连队已经在这个试验场最边远的角落上驻了很久了，执行的是一项在他看来对核试验无关紧要的任务——远方地质测量。尽管如此，决心书请战书还是雪片一般落在连部那张行军桌上，文书用几天的时间才将一些带有警言和充满哲理的豪言壮语摘录下来。宣传橱窗里有一张很大的请战书，在密密麻麻的签名中有的是用滴血的手指写上的。很多人都知道不可能到一线去，但还是要那样做。老兵像个世外高人看着一张张充满了激动和幸福的脸，几乎在每一张脸上他都可以看到自己过去的影子。他没敢看下去，一个人跑到了戈壁滩上去。

试验前最后一次出车新兵没有去，班长让他补一只在车棚里放了好久的破轮胎。第二天他才知道班长的车在且末附近的公路上抛锚了。这消息是另一个连队从且末拉粮回去的驾驶员从电话上告诉连长的。“那台车太老了。”连长感叹着，这像是他意料之中的。连长正忙于检查安装在二号内的测量设备，几乎把老兵和汽车给忘了。

老兵的汽车在且末抛锚的第二天正赶上试验。天气正像气象通报上报告的那样，是一个适合试验的好天气。参观的人群一大早就集中在爆心上风地带的一个山坡上。临近爆炸时，人们戴上高倍防护镜开始面朝地卧倒，倾斜的山坡使人们卧倒的身姿看上去很滑稽。红鼻子班长开始把身子一点点往前拱，巧妙地在密密麻麻的人群中爬行。有几次胳膊肘子顶在别人的屁股上，但他没有听到有人吱声。他很得意，放开胆子往前爬。在人生的捉迷藏中，他终于逮住了一次。这一次不可能再跑掉了。昨天，他在且末谎称汽车抛锚了，在帮他捎信的驾驶员走后，就把汽车开到试验场，夹在运送货物的车队中来到参观场。晚上他在山沟里过一夜，一大早就跟着参观的部队过来了。他只能这样做，不然再也没有机会了。在部队超期一年两年，也许会受到人们的尊敬。时间太久了，在别人，甚至在领导的嘴里就能听出一点其他的滋味儿。是的，自己已经太老了，早就该离开部队了。年底，不，哪怕是明天，只要今天能亲眼看看蘑菇云，明天就脱下这身军装也可以。他终于从最后面爬到了最前面。这几十米爬过来，他突然感到像是重新生活了一遍，过去的生活不再是模糊的一片，一年年，一天天，点点滴滴的小事全都在脑子里活起来。那天，把老百姓扔掉的一个羊头拿到戈壁滩上煮，好像是 4 月 12 日，正好是自己的生日。一只羊头一锅水，放了一把盐，六个人吃得真舒服真痛快……

他刚爬到前面去，就听到了投弹的飞机在爆心上空嗡嗡的盘旋声。他想起来了，那次他们在戈壁滩上发现的那架飞机里面还有人，一个戴着船形帽的女军人，军服上还有青天白日旗，那个男人倒在飞机旁边的沙丘上，手里抓着的铁箱里有金条有银圆，都上交了，自己只偷偷地留下两块铜板，后来找老乡打了一双铜筷子，现在还放在手榴弹箱子里……飞机还在盘旋，一圈两圈，已经是第三圈了。

终于，零前读秒的声音开始了——一个女人的声音。他只听到这个声音在整个宇宙间荡漾，像来自天国的乐声，使他感到浑身颤抖，心驰神荡。他终于按捺不住，在那个声音即将结束时把头高高地昂起来。这时，他却感到头部被一个东西准确地击中了。他的红鼻子碰在坚硬的地面上，一个沉重的身体紧跟着压过来。他隐约地听到了，而贴在地面上的身体更确切地感到了那个可怕的声音——一个和刚才天国的乐声相比，像来自地狱魔鬼发出的巨大的怒吼声。直到那个声音远去了消失了，跳起来的人群被冲击波吹倒从他身上滚过去很久，他才仿佛听到一声咒骂。

蘑菇云消散了，他只看到一片灰白的烟雾高悬在无云的天空。

他坐在地上任鼻血流着，灰土沾在脸上混合在血泊中，五官无法分清，看上去像一座魔鬼的塑像。血糊糊的眼睛还盯着那片灰白的烟雾，心中无限空茫。许久，浑浊的泪水才涌出来，在满是血迹的脸上划出两条印痕。

许多人围着他，那个在头上狠狠给了他一拳的军官，一直在不停地咒骂着。戴着袖标的纠察询问了好久，直到证实他确是在41°线上地测连开车的老兵后，才允许他跌跌撞撞地离开参观场。

他知道，那准确的一击救了他的眼睛。

深夜他才回到连队，连长和指导员还在操场里站着。他知道他们在等他。

老兵在受到应有的处分后，并没有感到特别难过，这都在他的意料之中。他没有想到的是就这样离开了斯可达。三天后，新兵第一次单独出车，还是到且末去拉粮。老兵一整天感到心里空荡荡的，一副失魂落魄的样子，最后坐在猪圈里闷着头抽烟。烟是新兵送他的，航空牌，7分钱一包。晚饭后，他慢慢地沿着连队前面那条公路走，然后就在与41°线的公路接口处呆呆地坐着。蜿蜒起伏的公路在黄昏中迷迷茫茫消失在远方。第二天黄昏他又坐在这里等，直到远远地看见斯可达像甲虫一样爬过来。天还没很黑，新兵就把车灯开着了，昏黄的灯柱像一位风烛残年的老人孤独的眼睛。老兵心里踏实了却又涌起一阵惘然若失的悲哀。新兵认出了黑暗中班长的身影，使劲在方向盘上拍打着，汽车衰老的喇叭在寂静的41°线发出一声令人黯然销魂的长鸣。

又一个冬天到来了。老兵开始病病歪歪，整天吸淌着红鼻子，眼圈发红，耷拉着脑袋。宣布退伍名单的那天，老兵终于忍受不住，总想到车棚去看看。他去时，正有人用酒瓶子在油箱里灌油，后面还有拿空瓶子的人等着。他感到吃惊，新兵竟还在和这些人嘻嘻哈哈开着玩笑。

“秃子！”他吼一声。但新兵感到吼声明显失去了往常那样足的底气。“把剪子拿出来，我放你狗子的血，爱油如血知道不？老子没给你说过？”

新兵听话地把剪子递过去，低着头不敢看班长。老兵喘息着，但终于没把剪子往新兵身上戳。

晚上，老兵把新兵叫出来，在过去教练过新兵的地方跑了一圈后把车停下来，和新兵换了个位置坐，然后抚着方向盘和新兵说一些告别的话。

“秃子，明天我就走。”

“嗯。”

“把嘴张开，我看看你那颗牙。”

新兵把嘴张开，老兵用手在那颗有缺口的牙齿上抚摸了很久说：

“真可惜，一口好牙齿。”

“班长，我用镜子照过，缺了一点还有风度些。”

“风度个毬。”

沉默了很久，班长又开门说：“秃子，车的事班长不说了，班长还想求你个事，那次我只听了个响，没有看见蘑菇云，下次你一定要去看，戴着防护镜去看，啥模样，写信告诉我，写详细点，知道不？”

…………

老兵走后，一直没有接到新兵的信。很多年之后，他才知道核基地已经不搞大气层试验了，再也不会有人见到蘑菇云。

我就是当年的小秃子，讲这个故事时，我的班长已经不在人世了。

赏读

陈怀国的短篇小说《北纬 41 度线》曾获 1989—1990 年“解放军文艺”优秀奖，小说主要以人物回忆的方式讲述了一个老汽车兵和一个新汽车兵之间发生在北纬 41 度线上的故事。小说着重讲述了部队生活大背景下的老汽车兵何立福与新汽车兵孙世伟师徒二人生活中的点点滴滴。同为军旅题材的小说，在本篇中反映的不再是战争而是部队平凡的日常生活，正是当时时代特征的一个折射。

老汽车兵何立福最显著的外部特征是他的“红鼻子”，这也是他在人群中最抢镜的地方，老兵和一部老汽车被分配到连队，老兵对汽车有着特殊的感情，年轻时的他和“年轻的车”参加过抗美援朝，但却未踏上朝鲜的战场。因为他的年轻，后来转战福建、青海高原、江西上饶、延安等地执行抢险救灾任务。生活一直像他的“斯可达”车的轮胎一样磨光牙齿，平平淡淡。直至他成了全团捕鼠能手，获得嘉奖，他又信心满满。他们奉命开赴大西北，参加原子弹基地的特种工程建设，他一心期待能够亲眼看见原子弹爆炸时的壮美之景，但是三次核爆炸试验均与他失之交臂。第一次试验时他正在给生产点拉羊粪。第二次试验时，因车抛锚回基地时，被堵在场区的警戒线以外。第三次，因为他的车太旧，又无缘任务。“到后来，他不再想什么立功了，只盼听一次原子弹的爆炸声，或者看一眼那朵奇特的蘑菇云。不然，他会像在朝鲜战争时没有听到枪炮声，没有见到美国鬼子一样遗憾。”他没有感觉到自身的价值，所以他来到北纬41度线。在这里人们一天也离不开他的“斯可达”车。通常伟大的贡献往往是在最平凡的工作中，他来到了大漠，在这里开始了一段平凡的运输工作，此间老兵收了一个徒弟，也就是小说中的“秃子”，师徒的琐事可以说是这平淡生活的调味剂，直到老兵得知又要有新的核试验时，他是异常兴奋，他计划好了一切，顶着被处分的危险混到参观场之中，但最后他没有如愿以偿，没有看到期待已久的蘑菇云。

小说中的新兵孙世伟也就是小说的讲述者“我”，但是小说却没有采用第一人称的叙述角度，而改用全知全能的第三人称来叙述，虽然小说主要讲的是老兵“红鼻子”，但是作者这样安排也是有道理的，平凡的工作要一代人接着一代人传承下去，新汽车兵接替老汽车兵继续完成看似平凡的工作，41度线的工作是平凡的，但是从事这些工作的“小人物”却是伟大的，这种精神才是祖国繁荣昌盛不可或缺的！

小说的语言朴实而幽默，如：“别说啦，你狗子的像个地老鼠，还怪班长没有看见你。你叫什么？叫孙刺猬？好啦，别解释，知道你叫孙世伟，和你狗子的开个小玩笑。我叫何立福，听起来像喝一壶是吧？要敢这样叫，老子撕烂你狗子的兔嘴。”诙谐的语言给平淡的生活带来了灵动。又甚至是粗话：“秃子，你有姐姐吗？有，那就算毬了。”但正是这样才更好地突出了老兵直率的人物性格。除此以外小说还有大段的旁白描述，将人物的过往经历以及内心活动做了更全面的交代，也使得小说在行文叙述上更加简洁。

本篇小说并没有关注战斗场面抑或是光鲜的英雄，而是将视角转到一些没有轰轰烈烈事迹发生的普通士兵身上。小说之所以取得成功，主要是因为作者关注到了部队中的“小人物”，通过对小人物的刻画，来反映人物最简单的追求，这样做更具有现实意义与价值。部队也正是由每一个普通得不能再普通的士兵组成的集合，小人物的自身生存的意义与价值追求彰显着社会的时代意义与价值。

话题探究

1. 阅读本单元后，不知大家的心情如何？有什么想法？现在的你是失落哀伤还是情绪激扬，抑或是痛惜扼腕？……为国捐躯、报效国家，这是从历史流淌而来的一条大河，至今仍然波涛汹涌。你是否认同本单元作品中所涉及人物的价值取向？

读完本单元后，请你在班上组织召开一个读书报告会，谈谈对作品中人物的价值取向的看法。

2. 也许有人会认为本单元的作品太陈旧了；也许有人会说我真的理解不了那些人，怎么会那样；还有人认为虽然时过境迁但是他们所秉承的精神是值得我们现在的人学习的。

如果你是抗战家书中的主角，如果你是《西线轶事》通讯班的女电话兵，如果你是《洼地上的战役》的志愿军战士王应洪，如果你是《高山下的花环》中的战斗英雄梁三喜，如果你是《北纬41度线》中始终默默无闻的老汽车兵……请你选择一个角色，沿着时间的“虫洞”回到那个时代，给今天的读者写一封信。

3. 现在大家对爱国、报国的理解可能与战争年代的理解迥异，再也不是抛头颅、洒热血，抑或手举炸药包、胸挡机枪眼。那在我们这个时代，爱国、报国的具体表象又有哪些呢？

请你以“我会以______方式来爱国/我会以______方式来报国”为题写一篇文章，在微信朋友圈、QQ空间、微博发表，请大家互相点评。

重整山河待后生

导读

打开中华民族5 000年的文明史册，每一页无不闪烁着爱国主义的灿烂光辉。中华民族的爱国志士，不畏强权压迫，不畏虎豹豺狼；为了国家的独立和昌盛，为了民族的自由和解放，为了人民的幸福，谱写了一曲曲响彻云霄的爱国主义壮歌，爱国主义是一个民族强大的精神支柱，是不可战胜的伟大力量！

在历史长河中，英雄事迹，层出不穷；爱国人物，群星灿烂。战国时期的伟大爱国诗人屈原，宋代的民族英雄岳飞、文天祥，明代的爱国将领戚继光，清代焚烧鸦片的抗英将领林则徐，他们忠于祖国，热爱人民，不畏贬谪，不怕牺牲，忠烈千秋，永垂千史，这正是爱国主义力量的集中表现。

历史进入20世纪，祖国遭受前所未有的蹂躏，山河破碎，国土沦丧，中华民族灾难深重。当此之时，无数爱国志士发誓疗治母亲躯体上的伤痕。“难酬蹈海亦英雄”“我以我血荐轩辕”，这分别是敬爱的周恩来总理和鲁迅先生发出的献身祖国的铮铮誓言。革命前辈方志敏烈士，面对敌人的屠刀，毫无惧色，从容就义，他在《可爱的中国》一书中，倾吐了对祖国、对人民的无限热爱。卓越的科学家李四光，得知中华人民共和国成立的消息，像杜甫听到官军收复蓟北一样，欣喜若狂，置国民党特务的威胁于不顾，急急登程，从欧洲返回祖国。他说：“我一定要把自己的余生献给祖国！”如上所述，这不正是不可战胜的爱国主义力量吗？这不正是无数爱国人士凝结成的中华民族历史的脊梁吗？

本单元所选5篇反映爱国题材的作品，从不同角度诠释了家国情怀这一伟大的主题。《与妻书》看起来是一封普通的家书，而内涵却是一篇慷慨悲壮、哀感婉艳的绝笔书，是一首荡气回肠的革命情歌，是豪情、悲情、亲情与爱情的结晶，是理性与情感、豪情与私情、英雄本色与儿女情长、“大我”与“小我”等复杂感情有机融为一体的熔炉。《西南联大纪念碑碑文》记叙了国立西南联合大学（以下简称“西南联大”）危难中的建校史。西南联大建校于抗战之时，校外风雨如晦，战乱频仍；校内经费奇缺，条件恶劣。然而西南联大师生弦歌不断，笔耕不辍，治学不止。西南联大的师生学子，虽然没有在战场浴血奋战，但其闪现的是中国知识分子骨子里的不屈精神和立志开拓的雄心壮志，谁又能说这不是一曲充满浩然正气的壮歌呢！《屈原》（雷电颂）诞生于抗战最困难的时期。在抗战时期沉闷的空气下、漆黑的夜空中，它犹如春雷震地，恰似闪电划空；它催促庸人觉醒，鼓舞斗士向前；它也像高尔基的《海燕》，起着呼唤革命风暴来临的历史作用。《荷花淀》里的景物是那么的美丽，水和天、荷和苇，明丽清纯，让人心醉。这么美丽的一方水土，当然会养育一方英雄儿女。白洋淀的普通老百姓，因为心里装着家国天下，也就摆脱了儿女情怀，由小家升入大家。《纪念碑》一诗，将“纪念碑”与“中华民族”以及“人民”与“我”同一化和个性化，借以抒发豪情，激励人生。朦胧而不晦涩，含蓄而不诡异；立意高远，抒写大气，是为爱国诗的一首代表之作。

爱国主义是中华民族的精神支柱，是中华儿女高尚的美德。不论在古代，还是在近代；不论是白色恐怖的过去，还是春风和煦的今天，都是如此。任何邪恶势力，任何卖国、叛国之徒，都会败倒在它的面前。爱国主义力量是不可战胜的，这是一条永恒的真理。

作品

与妻书[①]

林觉民

意映卿卿如晤：吾今以此书与汝永别矣！吾作此书时，尚是世中一人；汝看此书时，吾已成为阴间一鬼。吾作此书，泪珠和笔墨齐下，不能竟书而欲搁笔，又恐汝不察吾衷，谓吾忍舍汝而死，谓吾不知汝之不欲吾死也，故遂忍悲为汝言之。

吾至爱汝，即此爱汝一念，使吾勇于就死也。吾自遇汝以来，常愿天下有情人都成眷属；然遍地腥云，满街狼犬，称心快意，几家能够？司马青衫，吾不能学太上之忘情也。语云：仁者"老吾老以及人之老，幼吾幼以及人之幼"。吾充吾爱汝之心，助天下人爱其所爱，所以敢先汝而死，不顾汝也。汝体吾此心，于啼泣之余，亦以天下人为念，当亦乐牺牲吾身与汝身之福利，为天下人谋永福也。汝其勿悲！

汝忆否？四五年前某夕，吾尝语曰："与使吾先死也，无宁汝先吾而死。"汝初闻言而怒，后经吾婉解，虽不谓吾言为是，而亦无词相答。吾之意盖谓以汝之弱，必不能禁失吾之

① 选自《中华传统文化观止丛书》（学林出版社 2015 年版）。林觉民（1887—1911），福建闽侯人，著有《禀父书》《与妻书》等。

悲，吾先死，留苦与汝，吾心不忍，故宁请汝先死，吾担悲也。嗟夫！谁知吾卒先汝而死乎？

吾真真不能忘汝也！回忆后街之屋，入门穿廊，过前后厅，又三四折，有小厅，厅旁一屋，为吾与汝双栖之所。初婚三四个月，适冬之望日前后，窗外疏梅筛月影，依稀掩映；吾与汝并肩携手，低低切切，何事不语？何情不诉？及今思之，空余泪痕。又回忆六七年前，吾之逃家复归也，汝泣告我："望今后有远行，必以告妾，妾愿随君行。"吾亦既许汝矣。前十余日回家，即欲乘便以此行之事语汝；及与汝相对，又不能启口。且以汝之有身也，更恐不胜悲，故惟日日呼酒买醉。嗟夫！当初余心之悲，盖不能以寸管形容之。

吾诚愿与汝相守以死，第以今日事势观之，天灾可以死，盗贼可以死，瓜分之日可以死，奸官污吏虐民可以死，吾辈处今日之中国，国中无地无时不可以死。到那时使吾眼睁睁看汝死，或使汝眼睁睁看吾死，吾能之乎？抑汝能之乎？即可不死，而离散不相见，徒使两地眼成穿而骨化石，试问古来几曾见破镜能重圆？则较死为苦也，将奈之何？今日吾与汝幸双健，天下人之不当死而死，与不愿离而离者，不可数计。钟情如我辈者，能忍之乎？此吾所以敢率性就死不顾汝也。吾今死无余憾，国事成不成，自有同志者在。依新已五岁，转眼成人，汝其善抚之，使之肖我。汝腹中之物，吾疑其女也，女必像汝，吾心甚慰。或又是男，则亦教其以父志为志，则我死后尚有二意洞在也。甚幸，甚幸！吾家后日当甚贫，贫无所苦，清静过日而已。

吾今与汝无言矣。吾居九泉之下遥闻汝哭声，当哭相和也。吾平日不信有鬼，今则又望其真有。今人又言心电感应有道，吾亦望其言是实，则吾之死，吾灵尚依依旁汝也。汝不必以无侣悲。

吾平生未尝以吾所志语汝，是吾不是处；然语之又恐汝日日为吾担忧。吾牺牲百死而不辞，而使汝担忧，的的非吾所忍。吾爱汝至，所以为汝体者惟恐未尽。汝幸而偶我，又何不幸而生今日之中国！吾幸而得汝，又何不幸而生今日之中国！卒不忍独善其身。嗟夫！巾短情长，所未尽者，尚有万千，汝可以模拟得之。吾今不能见汝矣！汝不能舍吾，其时时于梦中得我乎？一恸。

辛亥三月二十六夜四鼓，意洞手书。

家中诸母皆通文，有不解处，望请其指教，当尽吾意为幸。

赏读

《与妻书》是林觉民在1911年广州起义的前三天4月24日晚写给妻子陈意映的。当时，他从广州到香港，迎接从日本归来参加起义的同志，住在临江边的一幢小楼上。夜阑人静时，他想到即将到来的残酷而轰轰烈烈、生死难卜的起义以及自己的龙钟老父、弱妻稚子，思绪翻涌，不能自已，彻夜疾书，分别写下了给父亲和妻子的诀别书。

林觉民和陈意映虽然是奉父命结婚，先结婚后恋爱，但两人感情非常深厚。林觉民在广州英勇就义后，消息传到家中，陈意映悲痛欲绝，曾萌生自杀念头，欲跟随林觉民而去。后经林觉民双亲跪下求她念在孩子尚年幼，需要母亲照料，她才放弃自杀念头。但过了一年多，终因思念林觉民过度，终日郁郁寡欢而病死，在他们令人断肠的故事中又添了一份辛酸。

写《与妻书》时，林觉民满怀悲壮，已下定慷慨赴死的决心，义无反顾，在信的第一句，他就毅然决然地告诉妻子："吾今以此书与汝永别矣！吾作此书时，尚是世中一人；汝看此书时，吾已成为阴间一鬼。"写信时，他"泪珠和笔墨齐下，不能竟书而欲搁笔"，心中滋味无以言表。为"助天下人爱其所爱""为天下人谋永福"，他置生死于度外，抛却与爱妻的儿女情长而"勇于就死"，大义凛然、无所畏惧地积极投身到推翻清政府黑暗腐朽统治的武装起义中。

本文的写作特色是抒情为主，以情见长，兼及记叙和议论。作者把感夫妻之恩爱，愤国家之黯弱，怜天下之离散，悲夫妻之死别的复杂思想感情融于一体。信的字里行间充溢着作者"生人作死别"的显豁。当写到中国事势之时，抒发的则是对国家黯弱腐败的愤慨之情。全文或借景抒情，寓情于景，使情景交融，意境全出，以增强情的感染力量。如忆双栖生活时，"梅筛月影，依稀掩映"，何其惬意！而今却生离死别，怎不声泪俱下！或通过描绘形象来抒情，使情具象化。如作者在谈到清朝血腥凶残统治时，并不直说，而用"遍地星云，满街狼犬"来比喻。读罢全信，我们似乎见到了一个既忠于爱情，但又能舍小家为大家，"为天下谋永福"，视死如归的英雄汉，也见到一位感情笃厚、知书识礼的妇女。或借议论来抒情，寓情于理，情理相生，使说理充满了感情色彩，如"汝幸而偶我，又何不幸而生今日之中国！吾幸而得汝，又何不幸而生今日之中国！卒不忍独善其身。"全信充溢着浩然正气，虽为生离死别的绝笔，却又是声讨反动势力的檄文，也是振聋发聩，给人以力量的正气歌。

古往今来，许多爱国主义者无不有着浓烈的骨肉亲情，他们对骨肉爱愈切，对祖国爱愈坚。黄花岗七十二烈士之一的林觉民烈士在绝命书上写道："吾至爱汝，即此爱汝一念，使吾勇于就死也。""吾充吾爱汝之心，助天下人爱其所爱，所以敢先汝而死，不顾汝也。"林觉民足以千古，虽然他从未想过要什么千古。他的人生绝笔是如此深情、坚定，以至于他在人间只活了二十四年，却成了深情、坚定的人格典范，成了古今伟丈夫的象征。这使得他从历史的无名悲剧里走出，成为我们精神生活的一部分。今天我们可能已经不太需要用牺牲生命来换取进步了，但是，对于社会的进步，对于当代文明的建设，对于理想社会的追求，依然需要我们学习林觉民这种舍小爱换大爱的崇高精神。

作品

西南联大纪念碑碑文[①]

冯友兰

中华民国三十四年九月九日，我国家受日本之降于南京。上距二十六年七月七日卢沟桥之变，为时八年；再上距二十年九月十八日沈阳之变，为时十四年；再上距清甲午之役，为时五十一年。举凡五十年间，日本所鲸吞蚕食于我国家者，至是悉备图籍献还。全胜之局，秦汉以来，所未有也。国立北京大学、国立清华大学，原设北平；私立南开大学，原设天津。自沈阳之变，我国家之威权逐渐南移，惟以文化力量，与日本争持于平津，此三校实为其中坚。二十六年，平津失守，三校奉命迁于湖南，合组为国立长沙临时大学，以三校校长蒋梦麟、梅贻琦、张伯苓为常务委员，主持校务，设法、理、工学院于长沙，文学院于南岳，于十一月一日开始上课。迨京沪失守，武汉震动，临时大学又奉命迁云南。师生徒步经贵州，于二十七年四月二十六日抵昆明。旋奉命改名为国立西南联合大学，设理、工学院于昆明，文、法学院于蒙自，于五月四日开始上

① 选自冯友兰《三松堂小品》（北京出版社 1998 年版）。冯友兰（1895—1990），河南唐河人，著有《中国哲学简史》等。

课。一学期后，文、法学院亦迁昆明。二十七年，增设师范学院。二十九年，设分校于四川叙永，一学年后，并于本校。昆明本为后方名城，自日军入安南、陷缅甸，又成前方重镇。联合大学支持其间，先后毕业学生二千余人，从军旅者八百余人。河山既复，日月重光，联合大学之战时使命既成，奉命于三十五年五月四日结束。原有三校，即将返故居，复旧业。缅维八年支持之苦辛，与夫三校合作之协和，可纪念者，盖有四焉。我国家以世界之古国，居东亚之天府，本应绍汉唐之遗烈，作并世之先进。将来建国完成，必于世界历史，居独特之地位。盖并世列强，虽新而不古；希腊、罗马，有古而无今。惟我国家，亘古亘今，亦新亦旧，斯所谓“周虽旧邦，其命维新”者也。旷代之伟业，八年之抗战已开其规模，立其基础。今日之胜利，于我国家有旋乾转坤之功，而联合大学之使命，与抗战相终始。此其可纪念者一也。文人相轻，自古而然，昔人所言，今有同慨。三校有不同之历史，各异之学风，八年之久，合作无间。同无妨异，异不害同；五色交辉，相得益彰；八音合奏，终和且平。此其可纪念者二也。万物并育而不相害，道并行而不相悖，小德川流，大德敦化，此天地之所以为大。斯虽先民之恒言，实为民主之真谛。联合大学以其兼容并包之精神，转移社会一时之风气，内树学术自由之规模，外来“民主堡垒”之称号，违千夫之诺诺，作一士之谔谔。此其可纪念者三也。稽之往史，我民族若不能立足于中原，偏安江表，称曰南渡。南渡之人，未有能北返者：晋人南渡，其例一也；宋人南渡，其例二也；明人南渡，其例三也。“风景不殊”，晋人之深悲；“还我河山”，宋人之虚愿。吾人为第四次之南渡，乃能于不十年间，收恢复之全功。庾信不哀江南，杜甫喜收蓟北。此其可纪念者四也。联合大学初定校歌，其辞始叹南迁流离之苦辛，中颂师生不屈之壮志，终寄最后胜利之期望。校以今日之成功，历历不爽，若合符契。联合大学之终始，岂非一代之盛事，旷百世而难遇者哉！爰就歌辞，勒为碑铭，铭曰：痛南渡，辞宫阙。驻衡湘，又离别。更长征，经峣嵲。望中原，遍洒血。抵绝徼，继讲说。诗书丧，犹有舌。尽笳吹，情弥切。千秋耻，终已雪。见仇寇，如烟灭。起朔北，迄南越。视金瓯，已无缺。大一统，无倾折。中兴业，继往烈。维三校，兄弟列。为一体，如胶结。同艰难，共欢悦。联合竟，使命彻。神京复，还燕碣。以此石，象坚节。纪嘉庆，告来哲。

摘自《三松堂自序》

赏读

西南联大是中国近代教育史上光辉的一页。

西南联大是我国抗日战争期间设于昆明的一所综合性大学。1937 年抗日战争全面爆发，国立北京大学、国立清华大学、私立南开大学先迁至湖南长沙，组成国立长沙临时大学，1938 年 4 月又西迁昆明，改称国立西南联合大学，简称“西南联大”。自 1938 年 5 月 4 日开学，至 1946 年 5 月 4 日结束，在滇整八年。

建校于抗战之时，校外风雨如晦，战乱频仍；校内经费奇缺，条件恶劣。然而西南联大师生弦歌不断，笔耕不辍，治学不止。在极其艰苦的办学环境下，西南联大“内树学术自由之规模，外来‘民主堡垒’之称号”，汇聚了中国最强大的高校师资阵容，如朱自清、闻一多、陈寅恪、吴晗、冯友兰、王力、吴有训、周培源、华罗庚、曾昭抡、陈岱荪、费孝通等。广大师生发扬艰苦奋斗精神，坚持严谨治学，树立优良学风。西南联大培养出大批杰出人才，他们对中国的建设事业、高等教育的发展和世界学术研究，做出了贡献，其中有许多是蜚声中外的第一流科学家。

冯友兰撰写的《西南联大纪念碑碑文》，则是这段艰难而又不凡岁月的见证，文中闪现着中国知识分子骨子里的不屈精神和立志开拓的雄心壮志，是一曲充满浩然正气的壮歌。

碑文初为古典文体，作者采用的是浅近的文言文体，关键处、转折处、连接处，保持了常用文言词语和文体规范，叙事议论间，又采用了大量现代语汇，骈散相间，文白兼用，且二者间形成张力，语句简要，音韵铿锵，读之朗朗上口，味之咀嚼不尽。

文章章法鲜明，气势恢宏。第一节的回顾，一直采用追溯的方式连缀文章，一直追溯到秦汉，有风驰电掣的气势；第二节言简意赅，涉及时间、地理、历史，时空跨度大，但交代谨严；第三节是文章的主体部分，这里面阐述的道理、流露的情感使得文章扎实厚重，极见文采，极为大气；第四节的回顾和铭文的快节奏都给文章增加了气势。

本文写史，用的是史笔。叙史，笔触平实，语调平和，民族耻辱的切肤之痛、抗战胜利的豪情，含而不露，叙事简洁而有法度；论议，实事求是，以事实为据，评断切实，而又目光如炬，立意高远，抚今追昔，感慨万千，情动于中，而笔下风云翻卷。碑文将西南联大八年的历史和其所表征的现代民族精神、文化气质，表述得淋漓尽致。文章充满激昂慷慨的情思，集中抒发了西南联大校训所昭示“刚毅坚卓”“勇猛宏毅”的伟大气魄，读之令人感奋不已。

大学之为大学，首先在于它是一种精神的存在，是追求文明进步的精神殿堂。正因为大学有不朽的精神存在，才得以绵延不绝，历久弥新。

天下兴亡，匹夫有责。国难当头，每个中国人都应该以国家独立和民族解放为己任，自觉担负起救国救民的使命，先天下之忧而忧，后天下之乐而乐。近代的中国就是一部屈辱史，在历史的磨难中饱受西方列强的蹂躏与凌辱，为使中华民族强大与复兴，屹立于世界民族之林，必要中华儿女做出贡献甚至牺牲。此时的西南联大学生，他们当中有的选择奔赴抗日前线，有的担任盟军翻译，有的参加远征军到了印度、缅甸，出没于不见人迹的原始森林，更有的直接参加盟军的重要航空飞行任务。这种不畏艰难险阻，不怕牺牲的精神，必将传承于后世，永垂不朽。

作为一所战时的大学，西南联大给后人留下了一笔丰硕而宝贵的精神文化财富：刚毅坚卓、厚德至爱的高尚品格；至诚至真、兼容并蓄的学术品质；敢为人先、追求卓越的进取意识；潜心治学、诲人不倦的敬业态度。

作品

《屈原》（雷电颂）[1]

郭沫若

［屈原手足已戴刑具，颈上并系有长链，仍着其白日所着之玄衣，披发，在殿中徘徊。因有脚镣行步甚有限制，时而伫立睥睨，目中含有怒火。手有举动时，必两手同时举出。如无举动时，则拳曲于胸前。］

屈原：（向风及雷电）风！你咆哮吧！咆哮吧！尽力地咆哮吧！在这暗无天日的时候，一切都睡着了，都沉在梦里，都死了的时候，正是应该你咆哮的时候，应该你尽力咆哮的时候！

尽管你是怎样的咆哮，你也不能把他们从梦中叫醒，不能把死了的吹活转来，不能吹掉这比铁还沉重的眼前的黑暗，但你至少可以吹走一些灰尘，吹走一些砂石，至少可以吹动一些花草树木。你可以使那洞庭湖，使那长江，使那东海，为你翻波涌浪，和你一同地大声咆哮呵！

啊，我思念那洞庭湖，我思念那长江，我思念那东海，那

① 选自《郭沫若精选集》（北京燕山出版社 2013 年版）。郭沫若（1892—1978），四川乐山人，著有《郭沫若全集》《甲骨文字研究》《中国史稿》等。

浩浩荡荡的无边无际的波澜呀！那浩浩荡荡的无边无际的伟大的力呀！那是自由，是跳舞，是音乐，是诗！

啊，这宇宙中的伟大的诗！你们风，你们雷，你们电，你们在这黑暗中咆哮着的，闪耀着的一切的一切，你们都是诗，都是音乐，都是跳舞。你们宇宙中伟大的艺人们呀，尽量发挥你们的力量吧。发泄出无边无际的怒火把这黑暗的宇宙，阴惨的宇宙，爆炸了吧！爆炸了吧！

雷！你那轰隆隆的，是你车轮子滚动的声音？你把我载着拖到洞庭湖的边上去，拖到长江的边上去，拖到东海的边上去呀！我要看那滚滚的波涛，我要听那鞺鞺鞳鞳的咆哮，我要飘流到那没有阴谋、没有污秽、没有自私自利的没有人的小岛上去呀！我要和着你，和着你的声音，和着那茫茫的大海，一同跳进那没有边际的没有限制的自由里去！

啊，电！你这宇宙中最犀利的剑呀！我的长剑是被人拔去了，但是你，你能拔去我有形的长剑，你不能拔去我无形的长剑呀。电，你这宇宙中的剑，也正是，我心中的剑。你劈吧，劈吧，劈吧！把这比铁还坚固的黑暗，劈开，劈开，劈开！虽然你劈它如同劈水一样，你抽掉了，它又合拢了来，但至少你能使那光明得到暂时间的一瞬的显现，哦，那多么灿烂的、多么炫目的光明呀！

光明呀，我景仰你，我景仰你，我要向你拜手，我要向你稽首。我知道，你的本身就是火，你，你这宇宙中的最伟大者呀，火！你在天边，你在眼前，你在我的四面，我知道你就是宇宙的生命，你就是我的生命，你就是我呀！我这熊熊地燃烧着的生命，我这快要使我全身炸裂的怒火，难道就不能迸射出光明了吗？

炸裂呀，我的身体！炸裂呀，宇宙！让那赤条条的火滚动起来，像这风一样，像那海一样，滚动起来，把一切的一切，一切的污秽，烧毁了吧！把这包含着一切罪恶的黑暗烧毁了吧！

把你这东皇太一烧毁了吧！把你这云中君烧毁了吧！你们这些土偶木梗，你们高坐在神位上有什么德能？你们只是产生黑暗的父亲和母亲！

你，你东君，你是什么个东君？别人说你是太阳神，你，你坐在那马上丝毫也不能驰骋。你，你红着一个面孔，你也害羞吗？啊，你，你完全是一片假！你，你这土偶木梗，你这没心肝的，没灵魂的，我要把你烧毁，烧毁，烧毁你的一切，特别要烧毁你那匹马！你假如是有本领，就下来走走吧！

什么个大司命，什么个少司命，你们的天大的本领就只有晓得播弄人！什么个湘君，什么个湘夫人，你们的天大的本领也就只晓得痛哭几声！哭，哭有什么用？眼泪，眼泪有什么用？顶多让你们哭出几笼湘妃竹吧！但那湘妃竹不是主人们用来打奴隶的刑具么？你们滚下船来，你们滚下云头来，我都要把你们烧毁！烧毁！烧毁！

哼，还有你这河伯……哦，你河伯！你，你是我最初的一个安慰者！我是看得很清楚的呀！当我被人们押着，押上了一个高坡，卫士们要息脚，我也就站立在高坡上，回头望着龙门。我是看得很清楚，很清楚的呀！我看见婵娟被人虐待，我看见你挺身而出，指天画地有所争论。结果，你是被人押进了龙门，婵娟她也被人押进了龙门。

但是我，我没有眼泪。宇宙，宇宙也没有眼泪呀！眼泪有什么用呵？我们只有雷霆，只有闪电，只有风暴，我们没有拖泥带水的雨！这是我的意志，宇宙的意志。鼓动吧，风！咆哮吧，雷！闪耀吧，电！把一切沉睡在黑暗怀里的东西，毁灭，毁灭，毁灭呀！

赏读

《雷电颂》出现在《屈原》第五幕第二场。屈原被囚禁在东皇太一庙。他手足戴着刑具，颈上系着长链，散发披肩，独身徘徊。这时，狂风咆哮，电闪雷鸣。面对这黑暗的世界，他想到国家就要沦亡，听着风吼、雷鸣，看着闪电劈空，他感到了大自然的伟大力量，他激愤的心情发展到极点，他的心像火一样燃烧起来，铸成了这大气磅礴、动人心魄的独白——《雷电颂》。它是屈原斗争精神的最集中、最突出的表现，是全剧高潮中最强力的一个音符。

《屈原》写于1941年1月，那正是抗日战争最困难的时期，当时，日寇为着早日结束侵华战争，以便抽出军力配合德、意法西斯发动侵苏战争的需要，对国民党反动派采取诱降手段，而对共产党所领导的抗日民主根据地和人民武装力量则以主力发动疯狂进攻妄图一举消灭抗日力量。蒋介石制造了“皖南事变”，发动了新的反共高潮，破坏了团结抗日的大好局面，在国统区强化了法西斯独裁统治。面对着国统区的黑暗现实，郭沫若怒不可遏，挥笔疾书，写下了《屈原》这出著名的史剧，借古讽今，针砭时政，矛头专指专制独裁的蒋介石反动派，而对我党提出的号召，则表达了由衷的拥护与热诚的响应。

《雷电颂》这段独白，大致包含两方面的内容：一是对风、雷、电的期待与歌颂，二是对光明的渴望与追求。这是一首结构严谨的散文诗。全诗五个层次先分后合，紧密相连，由风，及雷，及电；由诅咒黑暗，再到追求光明；由歌颂火迸射出光明，再到烧毁一切偶像。环环相扣，步步深入，一气呵成，使诗人的满腔怒火和对光明的渴望追求得以充分表现。风、雷、电，这些自然界的现象，在诗人心目中，已经成为一种战胜黑暗的力量，诗人又把自己的伟大战斗精神融入咆哮的风、轰隆隆的雷和闪耀的电之中。风雷电摧枯拉朽，“咆哮”“爆炸”“劈开”，这正是屈原在和黑暗势力进行殊死的搏斗。因此，屈原对风雷电的歌颂，也是对与黑暗势力做斗争的正义力量的歌颂。

《雷电颂》与诗人在中华民国二十年（1931）初发表的《女神》有颇多相似之处。但《女神》中的那种狂飙突进的精神，在新的历史条件下，在《雷电颂》中又获得了新的内容，得到了新的发展。《雷电颂》这首壮美的战歌，可说是诗人用自己沸腾的热血写成，用自己激情的音符谱成，全诗显示着郭沫若所独具的那种浪漫主义的艺术风格。

这篇散文诗，波澜壮阔，气势磅礴，撼动人心。雷电独白不仅是刻画屈原典型性格的最重要的一笔，也是屈原斗争精神最突出的体现，使全剧主题思想鲜明地凸显出来，使屈原的形象成为光明与正义的化身，塑造了一位千古不朽的爱国者的形象。

作品

荷花淀[1]

——白洋淀纪事之一

孙　犁

月亮升起来，院子里凉爽得很，干净得很，白天破好的苇眉子潮润润的，正好编席。女人坐在小院当中，手指上缠绞着柔滑修长的苇眉子。苇眉子又薄又细，在她怀里跳跃着。

要问白洋淀有多少苇地？不知道。每年出多少苇子？不知道。只晓得，每年芦花飘飞苇叶黄的时候，全淀的芦苇收割，垛起垛来，在白洋淀周围的广场上，就成了一条苇子的长城。女人们，在场里院里编着席。编成了多少席？六月里，淀水涨满，有无数的船只，运输银白雪亮的席子出口，不久，各地的城市村庄，就全有了花纹又密、又精致的席子用了。大家争着买：

“好席子，白洋淀席！”

这女人编着席。不久，在她的身子下面，就编成了一大片。她像坐在一片洁白的雪地上，也像坐在一片洁白的云彩

① 选自《孙犁文集（补订版）》（百花文艺出版社 2013 年版）。孙犁（1913—2002），河北安平人，著有《荷花淀》《芦花荡》等。

上。她有时望望淀里，淀里也是一片银白世界。水面笼起一层薄薄透明的雾，风吹过来，带着新鲜的荷叶荷花香。

但是大门还没关，丈夫还没回来。

很晚丈夫才回来了。这年轻人不过二十五六岁，头戴一顶大草帽，上身穿一件洁白的小褂，黑单裤卷过了膝盖，光着脚。他叫水生，小苇庄的游击组长，党的负责人。今天领着游击组到区上开会去来。女人抬头笑着问：

“今天怎么回来得这么晚？”站起来要去端饭。水生坐在台阶上说：

“吃过饭了，你不要去拿。”

女人就又坐在席子上。她望着丈夫的脸，她看出他的脸有些红涨，说话也有些气喘。她问：

“他们几个哩？”

水生说：

“还在区上。爹哩？”

女人说：

“睡了。”

“小华哩？”

“和他爷爷去收了半天虾篓，早就睡了。他们几个为什么还不回来？”

水生笑了一下。女人看出他笑得不像平常。

“怎么了，你？”

水生小声说：

“明天我就到大部队上去了。”

女人的手指震动了一下，想是叫苇眉子划破了手，她把一个手指放在嘴里吮了一下。水生说：

“今天县委召集我们开会。假若敌人再在同口安上据点，那和端村就成了一条线，淀里的斗争形势就变了。会上决定成立一个地区队。我第一个举手报了名的。”

女人低着头说：

“你总是很积极的。”

水生说：

“我是村里的游击组长，是干部，自然要站在头里，他们几个也报了名。他们不敢回来，怕家里的人拖尾巴。公推我代表，回来和家里人们说一说。

他们全觉得你还开明一些。”

女人没有说话。过了一会儿，她才说：

“你走，我不拦你，家里怎么办？”

水生指着父亲的小房叫她小声一些。说：

“家里，自然有别人照顾。可是咱的庄子小，这一次参军的就有七个。庄上青年人少了，也不能全靠别人，家里的事，你就多做些，爹老了，小华还不懂事。”

女人鼻子里有些酸，但她并没有哭。只说：

“你明白家里的难处就好了。”

水生想安慰她。因为要考虑准备的事情还太多，他只说了两句：

“千斤的担子你先担吧，打走了鬼子，我回来谢你。”

说罢，他就到别人家里去了，他说回来再和父亲谈。

鸡叫的时候，水生才回来。女人还是呆呆地坐在院子里等他，她说：

“你有什么话嘱咐嘱咐我吧。”

“没有什么话了，我走了，你要不断进步，识字，生产。”

“嗯。”

“什么事也不要落在别人后面！”

“嗯，还有什么？”

“不要叫敌人汉奸捉活的。捉住了要和他拼命。”这才是那最重要的一句，女人流着眼泪答应了他。

第二天，女人给他打点好一个小小的包裹，里面包了一身新单衣，一条新毛巾，一双新鞋子。那几家也是这些东西，交水生带去。一家人送他出了门。父亲一手拉着小华，对他说：

“水生，你干的是光荣事情，我不拦你，你放心走吧。大人孩子我给你照顾，什么也不要惦记。”

全庄的男女老少也送他出来，水生对大家笑一笑，上船走了。

女人们到底有些藕断丝连。过了两天，四个青年妇女集在水生家里来，大家商量：

“听说他们还在这里没走。我不拖尾巴，可是忘下了一件衣裳。”

“我有句要紧的话得和他说说。”

水生的女人说：

“听他说鬼子要在同口安据点……”

“哪里就碰得那么巧，我们快去快回来。”

“我本来不想去，可是俺婆婆非叫我再去看看他，有什么看头啊！”

于是这几个女人偷偷坐在一只小船上，划到对面马庄去了。

到了马庄，她们不敢到街上去找，来到村头一个亲戚家里。亲戚说：你们来的不巧，昨天晚上他们还在这里，半夜里走了，谁也不知开到哪里去。你们不用惦记他们，听说水生一来就当了副排长，大家都是欢天喜地的……

几个女人羞红着脸告辞出来，摇开靠在岸边上的小船。现在已经快到晌午了，万里无云，可是因为在水上，还有些凉风。这风从南面吹过来，从稻秧苇尖上吹过来。水面没有一只船，水像无边的跳荡的水银。

几个女人有点失望，也有些伤心，各人在心里骂着自己的狠心贼。可是青年人，永远朝着愉快的事情想，女人们尤其容易忘记那些不痛快。不久，她们就又说笑起来了。

“你看说走就走了。”

“可慌（高兴的意思）哩，比什么也慌，比过新年，娶新——也没见他这么慌过！”

“拴马桩也不顶事了。”

“不行了，脱了缰了！”

“一到军队里，他一准得忘了家里的人。”

“那是真的，我们家里住过一些年轻的队伍，一天到晚仰着脖子出来唱，进去唱，我们一辈子也没那么乐过。等他们闲下来没有事了，我就傻想：该低下头了吧。你猜人家干什么？用白粉子在我家映壁上画上许多圆圈圈，一个一个蹲在院子里，托着枪瞄那个，又唱起来了！”

她们轻轻划着船，船两边的水哗，哗，哗。顺手从水里捞上一棵菱角来，菱角还很嫩很小，乳白色。顺手又丢到水里去。那棵菱角就又安安稳稳浮在水面上生长去了。

“现在你知道他们到了哪里？”

“管他哩，也许跑到天边上去了！”

她们都抬起头往远处看了看。

“唉呀！那边过来一只船。”

“唉呀！日本，你看那衣裳！”

“快摇！”

小船拼命往前摇。她们心里也许有些后悔，不该这么冒冒失失走来；也许有些怨恨那些走远了的人。但是立刻就想，什么也别想了，快摇，大船紧紧追过来了。

大船追得很紧。

幸亏是这些青年妇女，白洋淀长大的，她们摇得小船飞快。小船活像离开了水皮的一条打跳的梭鱼。她们从小跟这小船打交道，驶起来，就像织布穿梭，缝衣透针一般快。

假如敌人追上了，就跳到水里去死吧！

后面大船来得飞快。那明明白白是鬼子！这几个青年妇女咬紧牙制止住心跳，摇橹的手并没有慌，水在两旁大声的哗哗，哗哗，哗哗哗！

“往荷花淀里摇！那里水浅，大船过不去。”

她们奔着那不知道有几亩大小的荷花淀去，那一望无边挤得密密层层的大荷叶，迎着阳光舒展开，就像铜墙铁壁一样。粉色荷花箭高高地挺出来，是监视白洋淀的哨兵吧！

她们向荷花淀里摇，最后，努力地一摇，小船蹿进了荷花淀。几只野鸭扑棱棱飞起，尖声惊叫，掠着水面飞走了。就在她们的耳边响起一排枪！

整个荷花淀全震荡起来。她们想，陷在敌人的埋伏里了，一准要死了，一齐翻身跳到水里去。渐渐听清楚枪声只是向着外面，她们才又扒着船帮露出头来。她们看见不远的地方，那宽厚肥大的荷叶下面，有一个人的脸，下半截身子长在水里。荷花变成人了？那不是我们的水生吗？又往左右看去，不久各人就找到了各人丈夫的脸，啊，原来是他们！

但是那些隐蔽在大荷叶下面的战士们，正在聚精会神瞄着敌人射击，半眼也没有看她们。枪声清脆，三五排枪过后，他们投出了手榴弹，冲出了荷花淀。

手榴弹把敌人那只大船击沉，一切都沉下去了。水面上只剩下一团烟硝火药气味。战士们就在那里大声欢笑着，打捞战利品。他们又开始了沉到水底捞出大鱼来的拿手戏。他们争着捞出敌人的枪支、子弹带，然后是一袋子一袋子叫水浸透了的面粉和大米。水生拍打着水去追赶一个在水波上滚动的东西，是一包用精致纸盒装着的饼干。

妇女们带着浑身水，又坐到她们的小船上去了。

水生追回那个纸盒，一只手高高举起，一只手用力拍打着水，好使自己不沉下去。对着荷花淀吆喝：

“出来吧，你们！”

好像带着很大的气。

她们只好摇着船出来。忽然从她们的船底下冒出一个人来，只有水生的女人认的那是区小队的队长。这个人抹一把脸上的水问她们：

“你们干什么去呀？”

水生的女人说：

“又给他们送了一些衣裳来！”

小队长回头对水生说：

“都是你村的？”

“不是她们是谁，一群落后分子！”说完把纸盒顺手丢在女人们船上，一泅，又沉到水底下去了，到很远的地方才钻出来。

小队长开了个玩笑，他说：

“你们也没有白来，不是你们，我们的伏击不会这么彻底。可是，任务已经完成，该回家去晒晒衣裳了。情况还紧得很！”

战士们已经把打捞出来的战利品，全装在他们的小船上，准备转移。一人摘了一片大荷叶顶在头上，抵挡正午的太阳。几个青年妇女把掉在水里又捞出来的小包裹，丢给了他们，战士们的三只小船就奔着东南方向，箭一样飞去了。不久就消失在中午水面上的烟波里。

几个青年妇女划着她们的小船赶紧回家，一个个像落水鸡似的。一路走着，因过于刺激和兴奋，她们又说笑起来，坐在船头脸朝后的一个撅着嘴说：

“你看他们那个横样子，见了我们爱搭理不搭理的！”

“啊，好像我们给他们丢了什么人似的。”

她们自己也笑了，今天的事情不算光彩，可是：

“我们没枪，有枪就不往荷花淀里跑，在大淀里就和鬼子干起来！”

“我今天也算看见打仗了。打仗有什么出奇，只要你不着慌，谁还不会趴在那里放枪呀！”

“打沉了，我也会浮水捞东西，我管保比他们水式好，再深点儿我也不怕！”

“水生嫂，回去我们也成立队伍，不然以后还能出门吗！”

“刚当上兵就小看我们，过二年，更把我们看得一钱不值了，谁比谁落后多少呢！”

这一年秋季，她们学会了射击。冬天，打冰夹鱼的时候，她们一个个登在流星一样的冰床上，来回警戒。敌人围剿那百顷大苇塘的时候，她们配合子弟兵作战，出入在那芦苇的海里。

1945 年 5 月于延安

赏读

在战火纷飞的特殊年代，爱人劳燕分飞、家庭妻离子散是再寻常不过的事。水生和这个女人只是千千万万对别离夫妻中的一个缩影，男人奔走在硝烟滚滚的战场上，女人担起男人的担子扶老携幼，像个男人一样坚强地生活。男人为了保家卫国“抛弃妻子”，拒绝贪图个人安逸，女人深明大义，选择独自承受家庭社会的压力和未知的磨难，让前方的男人无后顾之忧。白洋淀的普通老百姓，因为心里装着家国天下，也就摆脱了儿女情怀，由小家升入大家。

《荷花淀》写的是抗日战争最后阶段的冀中人民的斗争生活。小说没有正面渲染战争的严酷，而是以轻松的笔调，通过白洋淀妇女由送夫参军到自觉组织起一支战斗队伍的细致描绘，满腔热情地歌颂了中国农村劳动妇女的美丽心灵。全篇洋溢着战斗的乐观主义的革命激情，字里行间渗透着作者对祖国和人民真挚的爱，同时，也展示着一种特定的“人情美”。

细细品来，文章给人们留下最深刻的印象，是那美丽坦荡的荷花淀，那里的荷花荷叶充满生机、充满活力，象征着人的美好追求、美好愿望。这是一幅纯美的画面，荷花荷叶是画面的主体，人物只是融入画面并融入荷花荷叶的精魂，这正是《荷花淀》的真正艺术魅力所在，这也正是把生活高度艺术化、审美化的结晶。

在文本第一部分写夫妻话别时，描绘的是白洋淀夜景的风景画和风俗画。

“月亮升起来，院子里凉爽得很，干净得很，白天破好的苇眉子湿润润的，正好编席。女人坐在小院当中，手指上缠绞着柔滑修长的苇眉子。苇眉子又薄又细，在她怀里跳跃着。”

“这女人编着席。不久，在她的身子下面，就编成了一大片。她像坐在一片洁白的雪地上，也像坐在一片洁白的云彩上。她有时望望淀里，淀里也是一片银白世界。水面笼起一层薄薄透明的雾，风吹过来，带着新鲜的荷叶荷花香。”

月色皎洁，洁白的苇席遍地，银白的淀水，薄雾，清风，荷花飘香，展示了荷花淀的地域风貌，勾画出恬静的充满诗情画意的艺术境界。

开篇的环境描写是主人公水生嫂第一次出场，而后文又没有对水生嫂的外貌进行细致的刻画，但我们可以想象，水生嫂就在这样的背景里生活、劳动，烘托了水生嫂勤劳纯朴，温顺善良的品质。同时，作者在开篇渲染了一种清新宁静的氛围，如诗如画的景物，这正是白洋淀迷人之处，也是白洋淀的普通农人热爱依恋的。“一切景语皆情语”，作品中的景，都是人物眼中的景，也都充溢着人物心中的情。在水生嫂们的眼里，家乡的一切都是那么美好，这样美好的家乡岂能容忍外国强盗来侵犯？水生嫂正是出于对祖国美好河山的热爱，对幸福生活的热爱，才激起对日本帝国主义的无比仇恨，毅然送夫参军，毅然组织队伍，参加战斗。这种情景相生的境界，使得作品的意境更加广阔而深邃。

第二部分写探夫遇敌，妇女们急中生智，把船摇进荷花淀，又对淀上风光做了十分精彩的描写。

“她们奔着那不知道有几亩大小的荷花淀去，那一望无边挤得密密层层的大荷叶，迎着阳光舒展开，就像铜墙铁壁一样。粉色荷花箭高高地挺出来，是监视白洋淀的哨兵吧！”

作者运用巧妙的比喻，富有诗意地描写了密密层层的大荷叶像“铜墙铁壁”，高高挺出的荷花箭像“监视白洋淀的哨兵”，这威武雄壮的景色，不仅突出了水乡游击战的特点，暗示这清香四溢的荷花淀里将发生一场激烈的伏击战，而且写出根据地人民同仇敌忾的心理和战胜敌人的信心，洋溢着歌颂人民战争的思想感情。对照下文荷叶下认出她们丈夫的情景，更会惊叹小说构思的巧妙和布局的精当。

概括起来说，荷花淀的景物是美丽的，水和天，荷和苇无一不美，明丽清纯，让人心醉。这么美的家园，谁人不爱！怎么肯让敌人蹂躏！这就找到了景和情的契合点。这么美丽的一方水土，当然会养育一方英雄儿女，他们美丽的身心不容玷污，他们平时有多少温情，战时就会有多少勇气。通过展现人物对家乡的爱，对生活的爱，来刻画人物的爱国主义和革命英雄主义精神，也就使家国情怀不再是高高在上的空中楼阁，而变得真实可感。

作品

纪念碑[①]

江 河

我常常想
生活应该有一个支点
这支点
是一座纪念碑

天安门广场
在用混凝土筑成的坚固底座上
建筑起中华民族的尊严
纪念碑
历史博物馆和人民大会堂
像一台巨大的天平
一边
是历史，昨天的教训

① 选自《“青春诗会”三十年诗选》（作家出版社 2014 年版）。江河，1949 年生，北京人，著有诗集《从这里开始》《太阳和他的反光》等。

另一边
是今天，是魄力和未来

纪念碑默默地站在那里
像胜利者那样站着
像经历过许多次失败的英雄
在沉思
整个民族的骨骼是他的结构
人民巨大的牺牲给了他生命
他从东方古老的黑暗中醒来
把不能忘记的一切都刻在身上
从此
他的眼睛关注着世界和革命
他的名字叫人民

我想
我就是纪念碑
我的身体里垒满了石头
中华民族的历史有多么沉重
我就有多少重量
中华民族有多少伤口
我就流出过多少血液

我就站在
昔日皇宫的对面
那金子一样的文明
有我的智慧，我的劳动
我的被掠夺的珠宝
以及太阳升起的时候
琉璃瓦下紫色的影子
——我苦难中的梦境
在这里
我无数次地被出卖

我的头颅被砍去
身上还留着锁链的痕迹
我就这样地被埋葬
生命在死亡中成为东方的秘密

但是
罪恶终究会被清算
罪行终将会被公开
当死亡不可避免的时候
流出的血液也不会凝固
当祖国的土地上只有呻吟
真理的声音才更响亮
既然希望不会灭绝
既然太阳每天从东方升起
真理就把诅咒没有完成的
留给了枪
革命把用血浸透的旗帜
留给风，留给自由的空气
那么
斗争就是我的主题
我把我的诗和我的生命
献给了纪念碑

1977 年

赏读

《纪念碑》是江河的代表作，是一首响亮的、宜于朗诵、颇能够增强民族自信心的诗，这是不可多得的。但它又具备朦胧诗的一般特点、特色。

一般来说，朦胧诗的主要特征就是含蓄，抑或晦涩（有其不透明性和多义性）。即有较深邃的思想内容，但表现手法隐晦曲折，经反复品赏，方能悟之。

朦胧诗发展到今天，是不容易的，在艺术上亦有可圈可点之处（其对比拟、隐喻、暗示、象征、变形、“蒙太奇”等手法的创造性运用，至今令人惊叹)，特别是食指的《相信未来》、江河的《纪念碑》、北岛的《回答》、舒婷的《祖国啊，我亲爱的祖国》、顾城的《一代人》等大量思想、艺术价值很高的作品涌现，将朦胧诗推向一个具有积极意义的新高度。

《纪念碑》一诗，在表现手法上，主要采取象征、暗示或隐喻的修辞手法，将“纪念碑”与“中华民族”以及“人民”与“我”同一化和个性化，借以抒发豪情，激励人生。诗人开篇即视“纪念碑”为生活的一个支点、“中华民族的尊严”的一种象征。即以“纪念碑”作为连接“历史”“现实”与“未来”的纽带。接着，诗中写道：“纪念碑默默地站在那里/像胜利者那样站着/像经历过许多次失败的英雄/在沉思/整个民族的骨骼是他的结构/人民巨大的牺牲给了他生命/他从东方古老的黑暗中醒来/把不能忘记的一切都刻在身上/从此/他的眼睛关注着世界和革命/他的名字叫人民//我想/我就是纪念碑/我的身体里垒满了石头/中华民族的历史有多么沉重/我就有多少重量/中华民族有多少伤口/我就流出过多少血液……”至此，“纪念碑—中华民族—人民—我”这四个意象已巧妙地完成了概念上的转换与同化，融合与统一。这是对传统阅读习惯的一种挑战。但经过作者用“我常常想……”和“我想……”来引领读者的目光与思维，并通过直抒胸臆的、激情厚重的语言，传达了诗人那黄钟大吕般的心音。虽然如此，这首意象繁复、蕴含丰厚而笔法高妙的诗，需反复品读才能得其精髓。

《纪念碑》一诗，节奏明快、铿锵有韵。如诗中末尾一节：“……罪恶终究会被清算/罪行终将会被公开/当死亡不可避免的时候/流出的血液也不会凝固/当祖国的土地上只有呻吟/真理的声音才更响亮/既然希望不会灭绝/既然太阳每天从东方升起/真理就把诅咒没有完成的/留给了枪/革命把用血浸透的旗帜/留给风，留给自由的空气/那么/斗争就是我的主题/我把我的诗和我的生命/献给了纪念碑”。这一大节高亢激越、振奋人心的诗句，熔议论、抒情、哲理与奇思于一炉，情绪饱满、意气昂扬，非常富有感染力和说服力。

这首诗，朦胧而不晦涩，含蓄而不诡异；立意高远，抒写大气，意象奇伟，境界超拔，并有深入历史、深入灵魂的沧桑、豪迈之感，艺术手法也臻至完美，不愧为朦胧诗的一首代表之作。

话题探究

1. 当读完这5篇文章，你心里是不是五味杂陈？既有夫妻分别的凄婉，又有白洋淀上夫妻合力抗敌的激动和对风雷电的礼赞；同时也感受到西南联大深厚的学术底蕴和纪念碑所象征的伟大的民族精神。

回想你读过的以家国情怀为主题的作品，再次体会一下这种艺术魅力，并任选这5篇中的1篇进行比较阅读，谈谈你的看法。

2. 为了人民的自由幸福，林觉民抛爱妻、舍幼子，义无反顾地献出自己年轻的生命。

如果你是《与妻书》中的那个妻子，当你收到丈夫的绝命信时，你会说些什么呢？请试着以“妻子”的身份给林觉民写一封回信。

3. 这5篇文章描述的都是烽火硝烟的战争年代。如今，和平与发展是时代的主旋律，我们沉浸在一片繁华与祥和的氛围中。那么现在我们的爱国情怀是什么呢？

请以“当代爱国情怀”为主题，写一篇演讲稿。

4. 不同作家、不同作品，语言风格不尽相同。在这几篇文章中有很多回味无穷的句子，请你根据以下句子，或自己挑选句子，写一篇读后感。

(1) 吾作此书时，尚是世中一人；汝看此书时，吾已成为阴间一鬼。(《与妻书》)

(2) 联合大学以其兼容并包之精神，转移社会一时之风气，内树学术自由之规模，外来“民主堡垒”之称号，违千夫之诺诺，作一士之谔谔。此其可纪念者三也。(《西南联大纪念碑碑文》)

(3) 她们看见不远的地方，那宽厚肥大的荷叶下面，有一个人的脸，下半截身子长在水里。荷花变成人了？那不是我们的水生吗？(《荷花淀》)

(4) 我常常想/生活应该有一个支点/这支点/是一座纪念碑。(《纪念碑》)

最是难忘华夏情

导读

本单元的主题是文化乡愁。

自古以来，乡愁也许是我国历代诗文表现最多的一种感情，一种情怀。“彼黍离离，彼稷之苗。行迈靡靡，中心摇摇。知我者，谓我心忧。不知我者，谓我何求。悠悠苍天，此何人哉？”① 黍离之悲是最忧伤的思乡曲，也是最古老最经典的乡愁。“客舍并州已十霜，归心日夜忆咸阳。无端更渡桑干水，却望并州是故乡。”② 这是唐代诗人刘皂久客还乡时的另一种乡愁。穿越历史，北宋文豪苏东坡也有了惊人相似的感觉：“万里归来颜愈少，微笑。笑时犹带岭梅香。试问岭南应不好，却道：此心安处是吾乡。”③ 这却是最潇洒旷达最具现代意义的另一种乡愁。

董桥说：“不会怀旧的社会注定沉闷、堕落。没有文化乡愁的心井注定是一口枯井。经济起飞科技发达纵然不是皇帝的新衣，到底只能御寒。”④

在这里，你可以领会一位作家在母语屋檐下涵养生命荡涤灵魂的栖息与修行；可以随着徐海滨一起来到陕甘黄土塬上扯起嗓子吼出一曲振聋发聩的华阴老秦腔；再跟着乔良来到黄河边的轩辕柏下，听他讲一个先民、一个裸着青筋、露着傲骨、一身一脸都是高原色的好汉的故事；你可以聆听学者李欧梵讲几代华侨和留学生对中国文化与乡土情结的不同认知；你还可以来到西藏，跟祝勇一起像朝圣者一样迈上布达拉宫的台阶，虔敬地翻开一部厚重的经书，认真地去读布达拉宫历史的每一页……

---

① 《诗经·黍离》。

② 唐·刘皂《旅次朔方》。

③ 宋·苏轼《定风波·常羡人间琢玉郎》。

④ 董桥．给后花园点灯［M］//董桥．这一代事．桂林：广西师范大学出版社，2011.

作品

在母语的屋檐下[①]

彭　程

一

少年时代的伙伴自大洋彼岸归来探亲，多年未见了，把盏作竟夜长谈。他 20 世纪 80 年代中期自复旦本科毕业后即赴美，近三十年过去，英语的流利程度不在母语之下。我们聊到故乡种种情形，特别谈到了家乡方言，并长时间固定在此一话题上。兴之所至，后来两人干脆用家乡话谈起来。毕竟如今说方言的时候不多，聊天中对个别语词一时感到生疏迟疑时，我就改用普通话，而对方更是习惯性地时常冒出一两句英语。

当时倘若有外人在场，一定会觉得这个情景颇为怪异。

故乡在冀东南平原，方言中有很多生动传神的地方。譬如表示时间的词汇，中午叫作“晌午”，上午便是“头晌”，下午就成了“过晌”，傍晚则叫作“擦黑”。表示动作的，滑行叫“出溜”，整理叫“拾掇”，“我去某某家扒个头”，说的是

① 选自《在母语的屋檐下》（线装书局 2016 年版）。彭程，生于 1963 年，河北景县人，著有《漂泊的屋顶》《急管繁弦》《第七只眼睛》等。

不会待上很久，很快就离开，仿佛只是到人家门口探一下头。对某件事情感到不舒服是“腻味”、“硌应”，说一个人莽撞是“毛躁”，不爽快是“磨叽”，不靠谱是“不着调”，讲话夸大其词或不得要领是“瞎扯扯”、“胡咧咧”，办事没头绪是“着三不着两”。还有一些读音，难以找到对应的字词，暂且不谈。

本来以为这么多年不使用，很多方言都已忘记，不料却在此时鲜明地复活了。恍惚中，甚至忆起了听到这些话时的具体情境，眼前浮现出了说话人的模样。这个词，最早是听已经故去几十年的奶奶说的，那句话，出自耄耋之年的姑姑之口，那个说法，来自村子里一个倔强的孤身老头。

友人感慨：真过瘾，今天晚上说的家乡话比过去多少年中加在一起都多。

因为这个话题，很自然地联想到了很久之前的一个场合。一个短期的培训班上，来自不同省份的学员，在一次联欢活动中，分别用各自家乡的方言，描述某个动作、情感、状态。吴越方言的温软柔媚，东北方言的幽默亲和，陕西方言的古雅朴拙，湖北方言的硬朗霸气，巴蜀方言的豁达谐谑……观众兼表演者们乐得前仰后合，笑声一波波响起。

这真是一次难得的体验。语言通常是作为思维的工具，描绘具体的对象、客体，比如人物、事件、风景，也表达对于世界、对于生活的观念和看法，而本身却很少作为被打量被分析的目标。但一当语言成为目标时，你就会发现，原来它就蕴藏了那样丰富的美，那样奇异的魅力。

就仿佛人的一双眼睛，通常是用来发现外界万物之美的。但当它本身成为艺术描绘的对象时，也成就了众多名作。达·芬奇的《蒙娜丽莎》、罗中立的《父亲》，其非凡的魅力，深刻的内涵，离不开对眼睛的出色描绘。前者，神秘的笑容里，似乎有几分隐约的揶揄，几分暧昧的期许，指向的是怎样的人生谜语；后者，被岁月风霜严酷地雕刻过的脸膛上，凄楚和迷茫的眼神后面，又藏着什么样的卑微的恳求？

光线照射之处，事物明亮而生动。

语言，就是那一道道投射向生活的光束，有着繁复摇曳的色谱和波长。

二

对语言的命名，也如同语言本身一般丰富多彩。

法国哲学家萨特，曾将语言比作“触角”和“眼镜”。凭借着它，我们触摸事物，观察生活，和存在建立起真切而坚实的关系。世界在语言中显现，就仿佛白日在晨曦中降临，就仿佛风暴在云朵中积聚，就仿佛一滴墨汁在宣纸上慢慢地洇开，化为了一只蝌蚪，一片花瓣，一粒石子。

语言当然首先是为了表达和交流，但在这种工具性质的功能之上，更是别有一种自足的、丰富的、博大而精微的美。

深入感受并准确地欣赏这种美，是需要条件的。在一种语言中浸润得深入长久，才有资格进入它的内部，感知它的种种微妙和玄奥，那些羽毛上的光色一样的波动，青瓷上的釉彩一般的韵味。

而几乎只有母语，我们从牙牙学语时就亲吻的语言，才应允我们做到这一点。

关于母语，英文里的一个说法，最有情感温度，也最能准确地贴近本质：mother tongue。直译就是“妈妈的舌头”。从妈妈舌头上发出的声音，是生命降临时听到的最初的声音，浸润着爱的声音。多么深邃动人的诗意！在母语的呼唤、吟唱和诵读中，我们张开眼睛，看到万物，理解生活，认识生命。

诗作为浓缩提炼过的语言，是语言的极致。它可以作为标尺，衡量一个人对一种语言熟悉和理解的程度。“眼看他起高楼，眼看他宴宾客，眼看他楼坍了”，说的是世事沧桑，人生无常。“而今识尽愁滋味，欲说还休。欲说还休，却道天凉好个秋”，说的是心绪流转，昨日迢遥。没有历史文化为之打底，没有人生经历作为铺垫，就难以深入地感受和理解其间的沉痛和哀伤，无奈和迷茫。它们宜于意会，难以言传。

对于母语的异乡人，他时常会在哪里遇到一道屏障。认识一个法国人，汉语说得流利，一直自我感觉良好，但有一次却意识到了自己的匮乏。那是听一场相声，逗哏的一方调侃捧哏者，说他的妻子的名字叫作“潘金莲”。他无法明白，一个名字为什么引来了一片笑声。他倒是听说过中国古代有一部文学名作《金瓶梅》，但没有读过。

流传的手机短信段子，所谓外国人的汉语六级考试题，让人忍俊不禁：成为大龄未婚女的原因，“开始喜欢一个人，后来喜欢一个人”。前后有什么区别？不管这是不是杜撰，确实，前后完全相同的字句中，意思却大不相同。而发现这种歧异，从句读、节奏中获得细致入微的理解，需要的是文化的潜移默化的熏陶。

这些精微细腻的地方，无法准确地转换到另一种语言中。所以作家张承志很多年前就宣称“美文不可译”。

显然，这一类的隔膜已经不仅仅限于语言本身了，而是属于文化的间隔和分野。

每一种语言都连接着一种文化，通向一种共同的记忆。文化有着自己的基因，被封存在作为载体和符号的特有的语言中。仿佛一千零一夜的故事中，阿里巴巴的山洞里，藏着稀世的珍宝。

三

“芝麻开门吧!”咒语念起，山洞石门訇然敞开，堆积的珠宝浮光跃彩。

但洞察和把握一种语言的奥秘，不需要咒语。时间是最重要的条件。在一种语言中沉浸得足够久了，自然就会了解其精妙。有如窖藏老酒，被时光层层堆叠，然后醇香。瓜熟蒂落，风生水起，到了一定的时候，语言中的神秘和魅惑，次第显影。音调的升降平仄中，笔画的横竖撇捺里，有花朵摇曳的姿态，水波被风吹拂出的纹路，阳光下明媚的笑容，暗夜里隐忍的啜泣。

对绝大多数人来说，这只能是母语。只有母语，才有这样的魅力和魄力，承担和覆盖。孩童时的咿呀声里有它，临终前的喃喃声中也有它。日升月落，春秋代序；昼夜不舍的流水，亘古沉默的荒野；鹰隼呼啸着射向天空，羊群蠕动成地上的云团；一颗从眼角滑落的泪珠有怎样的哀怨，一声自喉咙迸发的呐喊有怎样的愤懑。一切，都被母语捕捉和缩结，表达和诉说。

当然，在这种几乎是天赋的能力之上，要更好地理解语言的妙处，更要有一颗热爱的心。要像屠格涅夫对待母语俄语那样的深情款款——“在疑惑不安的日子里，在痛苦的思念着我的祖国的命运的日子里，给我鼓舞和支持的，只有你啊，伟大的，有力的，真实的，自由的俄罗斯语言!”每种语言都有自己的美。它的质朴或深奥、明亮或幽暗、灵动或凝重，折射着这种语言所负载的文化的特质。在语言中安身立命的作家，无疑对这种美有着最敏锐的感知。

有了这样的情感，一定会被显克维支的《灯塔看守人》深深打动。一位年逾七旬的波兰老人，流浪异乡四十多年后，在南美巴拿马的一个孤岛上，找到一份看守灯塔的工作，生活得以安顿，余生有望平稳。但有一天，他收到了在纽约的波兰侨会寄来的一册波兰大诗人密茨凯维奇的诗篇。相违已久的祖国的语言令他激动和沉醉，乡愁如同海面上的波涛汹涌来袭。那一夜，他竟然第一次忘记了按时点亮灯塔，碰巧有一艘船不幸失事，他因而被解职。他重新漂泊，随身携带的只有那本诗集。他并没有过分沮丧，因为有了这册诗集。诗集唤醒他的怀念，也给了他慰藉。

只有这样，时时怀着一种热爱、虔敬和信仰，才会真切确凿地感受到母语的美和力量。

灭绝一个民族，必须要从剥夺它的语言开始。因为语言连接维系的，是这个民族的历史与记忆。而守护语言，也就是捍卫一个民族的尊严，传递一种文化的基因。历史上犹太人曾备受歧视和排斥，颠沛流离长达数十个世纪，只因为顽强地保留了自己的语言和文化，才有了一脉薪火相继的坚韧延续。仿佛古诗中的离离原上草，野火烧不尽，只缘疮痍满目焦土无边之下，生命的根系依然葳蕤。

风靡一时的美国长篇历史小说《根》，也描绘了捍卫母语的悲壮。小说中，被从西非大陆劫掠贩卖到新大陆的主人公，在南方种植园中牛马般辛苦劳作的黑人奴隶，一次次逃亡都被捉回，宁肯被打得皮开肉绽，也不愿接受白人农场主给他起的名字，而坚持拥有自己种族的语言的名字——“昆塔”。这个名字背后，晃动着他的非洲祖先们黝黑的面孔，和祖国冈比亚的河流上荡漾的晨雾——独木舟划破了静谧，惊醒了两岸森林里的野猪和狒狒，树冠间百鸟鸣啭，苍鹭一排排飞掠过宽阔的河面。

不能不说的是，我骄傲于自己的母语汉语的强大的生命力。五千年的漫长历史，灾祸连绵，兵燹不绝，而一个个方块汉字，就是一块块砖石，当它们排列衔接时，便仿佛垒砌了一个广阔而坚固的壁垒，牢牢守卫了一种古老的文化，庇护了一代代呼吸沐浴着它的气息的亿兆的灵魂，也让一拨拨的异族入侵者，最终在它的深厚博大面前，俯首归顺，心甘情愿。

但更多的民族，却不幸成了反面的印证。先之以语言灭绝，继之以文化湮没，终之以民族消亡。马克思曾经指出，语言是一个民族中最稳定的因素。作为文化的载体和组成部分，一个民族的语言一旦消失，整个民族也就难以摆脱被灭亡的命运。澳洲土著，美洲印第安人，曾经是两个大陆的长久的主人。随着欧洲殖民者的到来，短短一个世纪间，被大肆剿灭的不仅是他们的肉体，还有他们的文化。各自有数以百计的语言湮没无存，不复传承。

当年他们雄健驰骋的身影，只能通过缥缈的传说和依稀的遗迹，通过今天少量的保留地中零星的记载，加以想象性的再现。

那些土著人的后裔，肤色相貌和祖先并无二致，一张口却是流利的英语。英语已然成为他们的母语。肉身携带了种族的生物基因，但文化的缺失却让他们成了无根的人。

这样的人，行走在人群中，面目模糊，身份暧昧，仿佛一道飘忽的影子。

四

童年在农村度过。记事不久的年龄，有一年夏天，大人在睡午觉，我独自走出屋门到外面玩，追着一只蹦蹦跳跳的兔子，不小心走远了，一直走进村外一片茂密的树林中，迷路了，害怕得大哭。但四周没有人听到，只好在林子里乱走。过了好久，终于从树干的缝隙间，望见了村头一户人家的屋檐。

一颗悬空的心倏地落地了。

对于长期漂泊在外的人，母语熟悉的音调，带给他的正应该是这样的一种返归家园之感。一个汉语的子民，寄居他乡，母语便是故乡的方言土语，置身异国，母语便是方块的中文汉字。这或许有违定义的严谨，却是连接了内心的真实。“官秩加身应谬得，乡音到耳是真归”（明·高启《归吴至枫桥》)，故乡的语言，母语的最为具体直观的形式，甚至关联到了存在的确凿感。

语言阻隔的尴尬，在特定的环境中，会演化成为一种切肤的痛感。在纽约皇后区法拉盛（Flushing）的路边小公园里，一位来探亲的福建老人，看着脚下的鸽子在蹦跳觅食，神态落寞。他感慨梁园虽好，语言不通，想去曼哈顿看看，只能等在华尔街上班的儿子抽出时间。他还算不错的，毕竟这里有不少处境相似的华人，彼此间可以用母语交谈。而我的一位邻居，去国三月，寂寞即迅速地升级为难忍的焦灼。他退休后到美国中部的一个小城的女儿家小住。方圆数里的数十住户中，只有他们一家华人。没有人可与交谈，看不懂电视，归去来兮的念头，从时时来袭，到挥之不去。蓝天白云，树木苍翠，清新的空气，深沉的静谧，一切都是那么符合他的期待。但仅仅因为语言，这一切都大打折扣。

一种通常被视作天经地义的状态，此刻，却成为构成幸福的关键因素。

这样的遭遇，常常不期然而然地通向那种罕见的时刻，启示的时刻，获得神谕的时刻。一个人和母语的关系，在那一刻获得了深刻而准确的揭橥：因为时时相与，反而熟视无睹。就像对于一尾悠然游弋的鱼儿，水的环抱和裹挟是自然而然的，不需要去意识和诘问的。但一当因某种缘故离开了那个环境，就会感受到置身盛夏沙漠中一样的窒息。被拘禁于全然陌生的语言中，一个人也仿佛涸辙之鲋，最渴望母语的濡沫。那亲切的音节声调，是一股直透心底的清凉水流。

今天这个时代，全球化笼天下为一体，交流便捷，信息通畅，但语言反而更加凸显了强势与弱势的差异。英语、德语、法语、日语……商业往来，贸易开展，国际事务，它们是不可或缺的媒介。乃至职位招聘、职称评审，也常常需要跨过它们的门槛。语言霸权的背后，折射的是曾经的荣耀或者当下的实力。但对于绝大多数母语是其他语言的人，它们永远只是工具。他无法深入感知它的温度质地，它的取譬设喻，它的言外之旨，它的正话反说或者明扬暗抑。这一切，一个人只能从母语中获得。哪一句话会使心跳骤然加快，什么样的诉说能让泪水涟涟流淌？答案深藏在和母语的契约里。

就这一点而言，世界毋庸置疑地公平。每一种语言的子民们，在自己母语的河流中，泅渡，游憩，俯仰，沉醉，吟咏，创造出灿烂的文化，并经由翻译传播，成为说着不同语言的人们共同的精神财富。以诗歌为证，《鲁拜集》中波斯大诗人伽亚谟及时行乐的咏叹，和《古诗十九首》里汉代中国人生命短暂的感喟，贯穿了相通的哲学追问；中世纪的意大利，彼特拉克对心上人劳拉的十四行诗倾诉，和晚唐洛阳城里，李商隐写给不知名恋人的无题七律，或者隽永清新，或者宛转迷离，各有一种入骨的缠绵。让不同的语言彼此尊重，在交流中使各自的美质得到彰显和分享。

但所有这些，并不妨碍这一点——热爱母语，热爱来自母亲的舌尖上的声音，应该被视为是一个人的职责，他的伦理的基点。他可以走向天高地阔，但母语是他的出发地，是他不断向前伸延的生命坐标轴线上，那一处不变的原点。

爱我们的母语吧。像珍爱恋人一样呵护它，像珍惜钻石一样擦亮它，让它更好地诉说我们的悲欢，表达我们的向往。

就像我的一位诗人朋友所写的那样——

在母语的屋檐下，
我们诞生和成长，爱恋和梦想。
在母语的荫庇中，
我们的生命绵延，幸福闪亮。

赏读

本文以母语为题，但内容并不局限于母语，它描述了语言的两个重要属性及对每个人的意义。

一、语言的两个重要属性

1. 审美的载体。

彭程在文中指出："语言通常是作为思维的工具，描绘具体的对象、客体，比如人物、事件、风景，也表达对于世界、对于生活的观念和看法，而本身却很少作为被打量被分析的目标。""就仿佛人的一双眼睛，通常是用来发现外界万物之美的。但当它本身成为艺术描绘的对象时，也成就了众多名作。""语言当然首先是为了表达和交流，但在这种工具性质的功能之上，更是别有一种自足的、丰富的、博大而精微的美。"

2. 文化的载体。

彭程在文中写道："每一种语言都连接着一种文化，通向一种共同的记忆。文化有着自己的基因，被封存在作为载体和符号的特有的语言中。""灭绝一个民族，必须要从剥夺它的语言开始。因为语言连接维系的，是这个民族的历史与记忆。""语言霸权的背后，折射的是曾经的荣耀或者当下的实力。但对于绝大多数母语是其他语言的人，它们永远只是工具。他无法深入感知它的温度质地。"

二、母语对每个人的意义

情感的载体。

"关于母语，英文里的一个说法，最有情感温度，也最能准确地贴近本质：mother tongue。直译就是'妈妈的舌头'。从妈妈舌头上发出的声音，是生命降临时听到的最初的声音，浸润着爱的声音。""对于长期漂泊在外的人，母语熟悉的音调，带给他的正应该是这样的一种返归家园之感。"彭程如是说。

在世界上，我们的母语是汉语言；在国内，我们很多人都有自己的方言。在心理学家马斯洛的“需求层次学说”中，人类除生理需求和安全感需求之外，第一个重要的精神需求就是“爱与归属感”。所以，热爱母语是我们每个人心灵的需求，母语对人的最重要的意义是“身份认同”，广义的母语和狭义的母语共同构成了我们的身份认同。在一个同样讲母语的环境中，我们更容易有归属感。希望每个民族的人们在世界化的过程中，也能够不被迫失去这份重要的文化认同。

这篇文章的语言也是非常美的，比如，这些精妙的比喻就令人惊叹——

语言，就是那一道道投射向生活的光束，有着繁复摇曳的色谱和波长。

世界在语言中显现，就仿佛白日在晨曦中降临，就仿佛风暴在云朵中积聚，就仿佛一滴墨汁在宣纸上慢慢地洇开，化为了一只蝌蚪，一片花瓣，一粒石子。

作品

吼秦腔[①]

徐海滨

说来也怪，赤条条从黄土高原生出来的我，最厌秦腔。一听人唱，耳内便如凶汉捉了木筷乱捅，喉头也紧出丝丝苦味。读到大学，厌中又添了几许鄙意，视板胡边鼓如笑料。脑海里翩翩而来的是卡鲁索帕瓦罗蒂邓丽君山口百惠。待毕业去了江南，五官七窍被温柔柔娇滴滴的越剧浸得半酥，更恶秦腔的硬亢。再后来飞去美利坚，每日苦读打工之余，哼几句祖国歌曲，心暖如春，倒也快意。唱来唱去有了点小名气。

忽一日，乔治相求于我，为他危在旦夕的祖父一唱。乔治乃中美混血儿，素喜嘲讽大陆留学生，自视甚高。因我阮囊羞涩，常被他取笑。此时他神色凄然惨然，苦态可掬。我心肠一热，便斗胆跟了去他家。

便见那老者，双眸暴出，皱纹如铁针铸成，又似西北边塞深沟大川，须发如雪，透出人生终点的悲哀。族人子弟蜡像般伫立在病榻旁。

① 选自《人世奇闻——新今古奇观》（华岳文艺出版社 1989 年版）。徐海滨，浙江永康人，著有《空劫》《小婉的故事》等。

乔治父亲肥眉胖目，对我连道“感激、抱歉”之类的话。我点点头，张口便唱，将记忆中的中国民歌一曲曲吊出来。全部抖尽，老者纹丝不动，似喘非喘，一脚阴间一脚阳间。

当下心中惶惶，硬着头皮又甩出催眠曲、语录歌、知青歌……唱得满屋眉毛皱起，乔治喉结直跳，恨不得生吞了我。

乔治父亲突问：“会唱秦腔吗？”

秦腔？心中一凛，瞬间膝软。

乔治道，祖父是关中人，四九年去台湾，后来到美国，苦了几十年，儿时最喜秦腔，前几天我寄信到陕西买录音带，只怕来不及了……

四下目光视我。牙一咬，豁出去了，嘴唇颤几颤，将那年月不想听不爱听又不得不硬着头皮听的秦腔移植“样板戏”从肚底翻将出来：

“小常宝控诉了土匪罪状字字血声声泪激起我仇恨满腔普天下……”

一曲吼尽，喉已半哑，却见老者眼珠一动，一亮，笑纹骤聚，齿间依稀有声。乔治父亲急忙将耳贴在老人嘴旁，频频颔首，潸然泪下。在场医生惊诧万分，连连嘀咕，不可思议，不可思议。

须臾，老者长出一口气，撒手去了西天。乔治两道目光盯在我嘴上，百思不解：一曲很难让他接受的旋律，竟延长了医生也无法延长的生命。从父亲的神色可以看出，爷爷肯定留下了临终遗言。神秘的、咒语般的秦腔！乔治将一张钞票塞过来，被其父一声喝住：“荒唐！”

乔治父亲掸掸双袖，领着乔治，垂手向我恭恭敬敬地鞠了一躬。

从此声名大振，到处有人来邀我唱秦腔。却也怪，过去恨也恨到顶点，厌也厌到极处，更无意去学，此时竟能开口便唱。除了移植“样板戏”唱段，还能来几下《火焰驹》、《三滴血》。莫非梦中学来，娘胎带来？奇也。那黄土高原酿了千年的秦腔，含着大喜大悲、大凶大吉的秦腔，唱得我骨也铮铮，血也滔滔，满喉满口黄土味。

从此专唱秦腔，入迷之余，去翻资料，吓了一跳。才知秦腔渊于古时陕甘民谣，向东发展，演变出晋剧、豫剧、京剧；向南发展，极大地影响了川剧、汉剧、徽剧、绍剧。秦腔可谓是中华民族襁褓时期的摇篮曲。隔着万里大洋，唯有秦腔能载我心，能抗游子的精神饥渴。更料不及，在 C 大学外国音乐节上，我上台一吼，吼出个头彩。

好不容易熬到回国探亲，急忙忙跑到西安访旧。友人情切，为我开个联欢会。其间笙歌管弦，婆娑舞姿，妙不可言。最后，举座邀我唱一支在美国最拿手的歌曲，我不加思索，开口便是秦腔。众人始是惊异，继而窃语，终于哄堂大笑，将我最后一句齐茬茬卡在了喉管深处。

有说我风趣，有怨我戏弄人，有讥我摆架子，有斥我啃了几天洋鸡腿竟敢取笑祖宗……

夜深人静，胸闷难寐。终于耐不住了，我冲开被子，恨恨地躲在房间里，把被卡住的那最后一句秦腔热呼呼地吼了出来……

好多年不流泪了，脸上有两道奇怪的热流。

赏读

陈忠实有《我的秦腔记忆》，贾平凹有同名《秦腔》的散文与小说，徐海滨则有1篇1 500字不到的小小说《吼秦腔》。

作为一篇小小说，《吼秦腔》有其鲜明的艺术特点。

一、以微写著，微言大义

小说中唱歌小有名气的“我”虽生在黄土高原，却最厌秦腔。孰料在美国友人家被迫吼出记忆中的一曲秦腔却让友人的爷爷——一位弥留之际的华裔老者“延长了医生也无法延长的生命”。从此，“我”在留学生界声名大振，受邀到处演出。对秦腔渐渐有了深入的了解和深厚的感情后，“我”自然而然地由衷喜欢上了秦腔，并将其视为海外游子无法替代的精神食粮。让“我”不可思议的是，回国探亲的“我”在聚会上开口一吼秦腔却遭到了大伙儿的“哄堂大笑”。

作者表面上写的是“我”在国内国外表演秦腔得到的不同待遇，实际上作者写的是对民族传统文化在当今社会受到的冷遇乃至漠视的一种隐忧，也讽刺了崇洋媚外的浮躁浅薄的社会流弊。

一曲秦腔，既解了万千海外游子叶落归根的思乡之愁，又开出了如何正确看待民族文化与外国文化的济世良方，不得不佩服作者举重若轻游刃有余的艺术功底。

二、构思精妙，浑然天成

小说开宗不仅有“最厌秦腔”的欲扬先抑，还有从喜欢西洋歌剧到流行歌曲甚至越剧的反衬与铺垫。从出生到成年，从上学到毕业，从国内到国外，人生阅历不可谓不丰富，大可着笔之处不可谓不多，然作者行文则大刀阔斧，惜墨如金，不枝不蔓，简约之至。

接着便是小说最重要的情节——“唱来唱去有了点小名气”的“我”勉强受邀为乔治弥留之际的祖父一吼秦腔竟创造了生命奇迹。一开始“我”使出浑身解数唱的各类歌曲不管用，这仍是渲染和铺垫。然后乔治父亲点唱，“我”才“从肚底翻将出”几句样板戏秦腔，没想到竟起到了妙手回春的神医般的奇迹效果。乔治一家自是感激涕零，“我”也“从此声名大振”。“我”自然对秦腔的感悟与感情也达到了全新境界，故而大学音乐节上再次吼出个头彩也是水到渠成顺理成章的事情。

但这一切仍不是最精彩的，这仍是作者的渲染与铺垫。作者仍在为精彩的结尾蓄势。

小小说最见作者功底处乃在结尾。

秦腔在海外游子的眼里算得上是一宝了，但在国内呢？回国的“我”在友人聚会上再吼自己的拿手好戏——秦腔，孰料竟招致大伙儿的“哄堂大笑”，这实在是出乎不谙国情的“我”的意料之外，而“我”半夜里“冲开被子，恨恨地躲在房间里，把被卡住的那最后一句秦腔热呼呼地吼了出来”则绝对又在我们读者的意料之外。意味深长的是，这一举动则恰是“我”对秦腔的深沉炽烈的真爱流露所致，也是作者对民族传统文化不被重视的失落和国人崇洋媚外浮躁轻薄的痛心疾首。情到深处，戛然而止，发人深思，意蕴无穷，真有“余音绕梁，三日不绝”的艺术效果。

另外，这篇小说的语言古雅质朴，洗练蕴藉，也是一大亮点，值得我们反复品味。

作品

高原，我的中国色[①]

乔 良

是东亚细亚。

东亚细亚的腹地，一派空旷辽远、触目惊心的苍黄。

亿万斯年，谁能说清从哪一刻起，不分季节，不分昼夜，不知疲倦的西风带，就开始施展它的法力？塔克拉玛干，古尔班通古特，巴丹吉林，乌兰布合……还有，腾格里。这些个神秘的荒漠呵，一古脑儿地，被那股精血旺盛到近乎粗野的雄风卷扬而起，向秦岭北麓的盆地倾压过来。

漫空里都是黄色的粉尘。

纷纷扬扬。飘飘洒洒。盆地不见了。凹陷的大地上隆起一丘黄土。黄土越积越厚，越堆越高。积成峁，堆成梁，又堆积成一大片一大片的塬。

这就是高原。黄土高原。

极目处，四野八荒，唯有黄色。尽是黄色。黄色。黄色。连那条从巴颜喀拉的山岩间夺路而来的大河，也暴烈地流泻着

① 选自《精美散文读本》（山东友谊出版社 2004 年版）。乔良，生于 1955 年，河南杞县人，著有《远天的风》《雷，在峡谷中回响》《大冰河》等。

一川黏稠的黄色！

浑黄的天地间，走来一个黄皮肤的老者。看不清他的面孔，听不清他的声音，只有那被黄土染成褐色的长髯在被太阳喷成紫色的浮尘中飘拂……老者身后，逶迤着长长、长长一列只在身体的隐秘处裹着兽皮的男人和女人。

一棵巨大的柏树，便在这人群中生下根来。

轩辕柏。

所有黄皮肤的男人女人和他们的后生，都把这巨树唤作轩辕柏。它的根须像无数手指深抠进黄土，扎向地心，伸向天际，用力合抱住整个儿的高原。

始皇帝横扫六合的战车，汉高祖豪唱大风的猛士，倚在驼峰上西出阳关的商旅，打着呼哨、舞着弯刀、浑身酒气的成吉思汗的铁骑，和五千年岁月一道，从这金子样的高原上骄傲地走过去，走过去，直到……

暮云垂落下来。低矮的天地尽头，走来一个小小的黑点。

一个军人。

他站在一架冲沟纵横、皱折斑驳的山梁上。

天可真低。他想，一抬手准能碰到老天爷的脑门儿。

残阳把他周身涂成一色金黄。他伸出手臂，出神地欣赏着自己的皮肤。金黄的晖光从手臂上滑落下去，掉在高原上。一样的颜色。他想，我的肤色和高原一样。

豪迈的西风从长空飒然而至。他的衣襟和裤脚同时低唱起喑哑而粗犷的古歌。刹那间，他获得了人与天地自然、与遥远的初民时代那种无缝无隙的交合。是一种虚空又充实，疏朗又密集，渺小又雄大的感觉。

他不禁微微一笑。

然而，只一笑，那难以言喻的快感消退了。渐渐塞满胸壑的，是无边的冷漠，莫名的苍凉。竟然没有一只飞鸟，竟然没有一丛绿草。只有我，他想，我和高原。于是他又想，这冷漠、这苍凉不仅仅属于我，还属于遗落在高原上的千年长史。

一千年。

畏惧盗寇的商贾们抛离了驼队踩出的丝绸古道，面对异族的武夫们丢弃了千里烽燧和兵刃甲胄，一路凄惶，簇拥着玉辇华盖，偏安向丰盈又富庶的南方。

南方，绿油油、软绵绵、滑腻腻的南方。没有强烈的紫外线辐射，没有弥漫天际的黄沙烟尘，没有冰，没有雪，没有能冻断狗尾巴的酷寒。有丽山秀水，丝竹管弦，有妖冶的蛾眉，婀娜的柳腰，有令人销魂的熏风、细雨……那叫人柔肠寸断的杏花春雨呵，竟把炎黄子民们孔武剽悍的魂魄和膂力一并溶化！而历史，却在某个迷茫的黄昏，被埋进深深的黄土。

有多厚的黄土，就有多厚的奥秘的高原，每一只彩陶罐、每一柄青铜剑都会讲一个先民的故事给你听的高原，沉默了。陪伴它的，是一轮千年不沉的孤月。

唉，南方，南方。

他忽然想到了西方。当黄皮肤的汉子们由于贫血而变得面色苍白时，麦哲伦高傲的船队刚刚在这颗星球上画完一圈弧线。野心勃勃的哥伦布，正携着西班牙国王致中国皇帝的国书，横渡大西洋，惊喜地打量着近在咫尺的新大陆。

真是一群好汉子。有了他们，西方才后来居上。

他感到胸中有一团东西被揪着发疼。

他看到斯文·海定、斯坦因、华尔纳们，正把成捆的经卷盗出敦煌，正把昭陵的宝马凿下石壁，而恭立一旁的黄种汉子，手里只有一杆能把自己打倒在地的烟枪！

他想喊。

他想站到最高的那架山梁上去，对着苍茫的穹窿嘶喊：

难道华夏民族所有的武士，都走进了始皇陵兵马俑的行列？

没有风，没有声息。高原沉默着。

一块没有精壮和血性汉子的土地是悲哀的。

他想起了他那些戴着立体声耳机、抱着六弦琴横穿斑马线的兄弟们。他们全都身条瘦长，脸色煞白，像一根根垂在瓜架上的丝瓜。他们要去参加这一年中的第三百六十十七次家庭舞会吧？他们的迪斯科跳得真好。他们忧郁的歌声真动人。但，他们只从银幕上见过高原和黄土。他们更不知道紫外线直射进皮肤和毛孔时的滋味，更不知道那黄土堆成的高原上埋着的古中国。

可那才是中国，那才叫中国。在病榻上呻吟了八百年，又被人凌辱了二百年的，不是真正的中国。真正的中国是闪着丝绸之光、敦煌之光，修筑起长城，开凿出运河，创造了儒教、道教，融合了佛教、回教，同化了一支支异族入侵者的中国。

真正的中国是一条好汉。

这裸着青筋、露着傲骨的高原也是一条好汉。

他真想把那些整天价只会怨天尤人的小白脸们都带到这里来，染他一身一脸的国色——黄帝、黄河、黄土高原的本色。让他们亲近一下泥土的纯朴和漠风的豪气。

他想，要使这片贫瘠的、失血过多的土地复苏过来，需要的是更强劲的肌肉，更坚硬的骨骼，更热的黄河一般湍急的血流。需要比麦哲伦和哥伦布们还勇健的如守护始皇陵的武士俑那样的壮汉。

他想，我也该是这样的汉子。

他想，有了这些男子汉，高原，这金子似的高原便不会死去，因为轩辕柏在这里扎着一根粗大的、深邃的根茎。

这个人，这个军人，就是我。

赏读

本文写景的笔力的确有黄土高原的雄壮。遣词造句也非常灵活生动，以下几句值得品味，请注意其中的形容词、动词和修辞手法：

一派空旷辽远、触目惊心的苍黄。

这些个神秘的荒漠呵，一古脑儿地，被那股精血旺盛到近乎粗野的雄风卷扬而起，向秦岭北麓的盆地倾压过来。

极目处，四野八荒，唯有黄色。尽是黄色。黄色。黄色。连那条从巴颜喀拉的山岩间夺路而来的大河，也暴烈地流泻着一川黏稠的黄色！

本文在写法上还有意识流的妙处。作者站在黄土高原，由眼前景物触发的竟是古今中外的历史，且这种意识的流动自然地构成了一个主题——呼唤如黄土高原一样的那种“裸着青筋、露着傲骨遒劲”的民族气质，感叹“一块没有精壮和血性汉子的土地是悲哀的”，这都是很有力量的论述。

另外，作者在文中以南方文化来与北方高原文化做对比：

“南方，绿油油、软绵绵、滑腻腻的南方。没有强烈的紫外线辐射，没有弥漫天际的黄沙烟尘，没有冰，没有雪，没有能冻断狗尾巴的酷寒。有丽山秀水，丝竹管弦，有妖冶的蛾眉，婀娜的柳腰，有令人销魂的熏风、细雨……那叫人柔肠寸断的杏花春雨呵，竟把炎黄子民们孔武剽悍的魂魄和膂力一并溶化！”

亲爱的读者，在这点上，你有别的想法吗?

中国地大物博，民族众多，每个地域都有自己独特的文化，恐怕未必要把南方文化当作黄土文化的对立面来看待，南方文化，体现的是一种不同，而不是对立。它是我们民族中温婉的书香气息，是民族气质中刚劲有力之外的柔韧坚持。中国文化之美，除了作者描述的高原气质，恐怕也在于东西南北中不同民俗的多元丰富，在于各地文化交融出的和而不同的美感。

作品

美国的“中国城”[①]

——唐人街随笔

李欧梵

记得十几年前家住新竹的时候，每月必会到台北去“朝圣”一次，星期天一早搭车去，看一两场外国电影，吃一两顿小馆子，在书店逛逛或买几本书，然后晚上再乘车回来，这一个礼拜的生活无形中就充实了不少。到了美国以后，住在距纽约不远的一个小镇上，纽约的“唐人街”却成了我每月朝圣的新“麦加”。每一个月中，我总要抽空去一两次，总在周六或周日，也是一早搭车去，看一两场中国电影，吃一两顿中国馆子，到中国书店里逛逛或买几本书，也会觉得生活充实了不少。

唐人街在我生活的边缘，然而也往往会成为我心灵中的重镇。去国已久的中国人，常常会不约而同地到唐人街买东西，吃馆子。外国人每逢礼拜天上教堂，中国人则上唐人街。唐人街是老华侨的温床、新华侨的聚会所，也是美国人眼里的小中

① 选自《新中国文学精品文库·散文卷》（海天出版社2010年版）。李欧梵，1942年生于河南，著有《铁屋中的呐喊》《西潮的彼岸》《上海摩登》等。

国。也许我们应该把唐人街的英文原名直译过来，干脆称它为“中国城”（Chinatown），可能更恰当一点。

美国最著名的“中国城”有两个，一在旧金山，一在纽约，每一个“城”里都不只一条街。以前我很喜欢旧金山的中国城，因为它比较干净、漂亮，最近我却爱上了纽约的中国城，因为它更有“中国”味，往往使我有一种说不出来的亲切感。

从纽约地下车道的出口走出来，首先呈现在眼中的中国城是一片零乱：鲜红色的电话亭，五花八门的店铺招牌，歪歪斜斜的中国字，街道旁边的小贩，拥挤的行人，还有那家门面已旧的黄色电影院——外国“美女”的××照片配上不伦不类的中文译名。一个初到纽约的游客一定会觉得这是一种“半下流社会”。我初到纽约的时候，朋友带我去逛唐人街，我总觉得不舒服，看到那些年老的华侨那副“不务正业”的样子，更是不顺眼。在馆子里吃饭，我不会用广东话点菜，被迫用英文，看到堂倌那一脸不屑的冷漠表情，真想拔腿就跑，不再受骗了；走到街上，又怕小偷、扒手，或街角上的不良少年。纽约的治安本来就不好，唐人街又在意大利区旁边，我对于意大利“Mafia”（黑社会）的恐惧，也带到“唐人”身上了。

最近几年，我对纽约熟悉多了，而且又去过一次香港，学了一点半调子的广东话，所以在中国馆子里点菜时，信心也增强了，对于“中国城”的恐惧也逐渐消除。而且，近两三年来，每当我想要炫耀我的广东话时，侍者说的却是国语，他们既不把我当外国人，我也将他们视为同胞，一种同是“黄面孔”的种族亲切感由此而建立。有一次我到一家店里买菜，和店里的那个胖胖的老板扯上了，他竟然由广东话转到国语，又从国语转到山东话，我们两个人变成了北方老乡，所以我此后每次去买韭菜或豆腐干的时候，他总是多给我一点。还有一家广东小吃馆，我每次去的时候，如果是一个人，就饭菜照常，如果带了朋友特别是女性朋友光顾，侍者一声不响地就会奉上一大碗“例汤”，而且还会对我作一个会心的微笑，我初时颇为受宠若惊，后来发现这种不成文的“陋规”倒是随意而为的。中国餐馆和法国餐馆有一个相同之处：不论菜单上的“明文规定”如何，顾客总会受到一点人情上的例外招待。在高级的法国餐厅里，这种招待是势利的，“人情”视金钱而定；在“低级”的中国餐馆里，才有真正的人情味，那一碗“例外”的“例汤”，喝起来总觉得十分舒服。

我是一个影迷，在台湾的时候专看外国片，国产片很少问津，到了美国以后，反而看起国产片来了，于是，“中国城”又成了我的电影文化城。纽约唐人街的几家电影院似乎有一个不成文的规定，中国电影必须两片同映，而且往往是一“软”一“硬”；“软”绵绵的言情片或艳情片配上“硬”邦邦的武打片，以便迎合男女老少的不同口味。事实上，港、台地区近年来的电影制作也只有“软”“硬”二类，鲜有高水准的文艺片，赤裸裸的社会写实片也很少见。唐人街的电影观众，大部分是为了娱乐，也为了“逃避”，在餐馆或洗衣店工作劳累之余，就到电影院去散散心。

我们这些留学生看中国电影也是为了逃避——逃避美国社会的紧张和繁忙，但是除此之外，也多少有一点“思乡”的意味。看到电影中的香港和台湾的风景时，不觉心旷神怡，甚至有时候还会体会到那股港、台地区特有的“味道”；不论剧情如何牵强附会，演员如何生硬造作，我看中国电影时实在是“醉翁之意不在酒”，而是只求一“醉”而已。初时我对于自己的这个态度颇感不安，因为对中外电影，我显然是用了两种尺度，但经反复思考之后，也觉得这种“畸形”的态度无可厚非，中国人在外国漂泊，在美国的“中国城”里缅怀中国文化，本来也是带有一点“畸形”心理的。我们这些留学生，本来就是“中国城”中的过客，我们在唐人街没有根，只是生活在唐人街的边缘而已，而唐人街又处于美国社会的边缘，双层隔膜之下，“中国城”岂不正像一部电影？而在“中国城”中看中国电影，更谈不上文化上的“真实”了。

因此我不禁逐渐感到，我和餐馆的侍者及杂货店的老板之间的“血浓于水”的种族感，也实在是很淡薄的。在他们眼里，我是一个黄面孔的顾客，虽然我给的小费没有外国人多（但这种情形也在变化之中，纽约的唐人街畔，年老的游客越来越少，而住在纽约城内特别是城北的哥伦比亚大学区及城南的纽约大学附近的格林威治区的年轻人或学生，却经常成群结队来唐人街吃饭，他们给的小费也不多），然而我常常来，而且，说不定他们早已看出我心理上的需要，在我面前说几句家乡话，或多给我一碗例汤，也略能满足我的思乡之情，至少可使我在“中国城”里没有失落感。这是一种施舍，也是他们演的一出中国戏，正好像银幕上的王羽或甄珍用拳打脚踢或浅笑微盼来满足我们所要求的“中国味”一样。我有一个朋友，有一天和公司里的外国老板吵了一架，回家以后又受了妻儿的气，就愤然出走，跑到唐人街大看中国电影，到深夜才回家，害得他太太差一点去报警。

美国的“中国城”，是这一代海外华人心灵上的“避难所”，大部分的中国人到中国城来别无他求，只求一“醉”，在酒足饭饱、剧终人散之后，又要打起精神，在异国的社会中“混”下去。这种逃避式的“朝圣”心情，是国内的读者和美国的友人很难理解的。大城市里有“中国城”，没有“中国城”的小地方则以中国餐馆代之，如果没有中国餐馆，则往往是在几家中国人家里轮流聚会，海外的华人就靠了美国社会中这些大大小小的“孤岛”来延续他们的文化生命。

在美国谈“中国文化”比较困难，也比较复杂。“中国城”里的中国文化，如果仔细分析起来，非但与港、台地区的中国文化有不同之处（当然与大陆上的文化更大异其趣），更与五千年的中国传统文化脱了节，虽然不少古老的习俗仍存，然而也只有老一辈的华侨仍能体会到这些习俗的真正意义。年轻一代的华侨——也就是在美国土生土长的华侨——眼中的唐人街，和留学生眼中的唐人街在意义上就有显著的不同。年轻一代的华侨往往在唐人街长大，所以对于自己所熟悉的环境久而生厌，极思反抗。他们最初都很想挣脱“中国城”的桎梏而打入美国社会，他们计划于飞黄腾达、娶妻生子之后，在美国大城市的郊区买幢房子，和大多数美国中上阶级的人一样，安享其“郊区生活”（所谓“suburbanliving”）。

然而，近几年来，由于美国国内各少数民族运动的风起云涌，不少土生土长的美籍华人（简称为 ABC，即 American Born Chinese 的简写），在心灵上突然感到一种“认同”的危机，他们觉得不论自己如何美化，在美国白人的眼里，他们毕竟还是黄面孔的华人。但是在来自港、台地区的留学生眼里，他们又太过美化了，言谈举止与美国人无异，只不过虚有其华人之“表”而已。身处这两种“歧视”的夹缝之中，不少年轻的 ABC 就主动地向唐人街求认同，因为唐人街既非中国也非美国，而是美国社会中的“中国城”，正适合他们少数民族运动分子的心理。最近几年，大学里的 ABC 更成群结队到各大城的唐人街去义务服务，他们访问年老的华侨，拍摄唐人街的纪录片，组织义诊中心为老华侨看病，并出版刊物，为唐人街——也更为他们自己——说话。

他们这一腔热诚表现了不少年轻人的朝气和干劲，也反映出不少心理上的烦恼和不安。他们虽然口口声声地说要为唐人街献身，但是这种课余的献身工作也多少带给他们一点自我情绪上的满足。也许，他们这种“认同”上的“利己”需要远超过他们真正“利他”的服务精神。正好像19世纪末期俄国知识分子的“深入民间”运动一样，美国华侨青年的“唐人街”运动，未必会引起“中国城”里老一辈华人的激烈反响。在老华侨的眼中，这种深入唐人街的运动是对他们既成的生活方式的一种威胁，他们宁愿在美国人面前唱“唐人戏”，也不愿受同是黄种人的干涉。据我的一个深悉内情的朋友说，老华侨对于ABC青年的行动尚能谅解，因为他们觉得这些年轻人本是唐人街的后裔，然而如有港、台地区的留学生参加这种运动，却会引起老华侨的极大反感，因为他们总觉得这些留学生高高在上，处处以发扬中华文化自居而向他们发号施令。老华侨愿意把唐人街作为留学生的“避难所”，却不愿让留学生和土生华侨把唐人街变成文化或种族运动的大本营。

“中国城”里的中国文化本来就是一种早已变形的移植文化，老华侨的乡土怀念似乎重于对国家民族的热情。然而，情绪激昂的留学生和ABC青年却偏偏不满于老华侨的这种安身立命的态度，一部分青年要华侨认同祖国文化，另一部分青年却又要华侨掀起少数民族运动反对美国社会，交相攻击之下，老华侨反而不胜其扰。这是我所看到和听到的唐人街里的“代沟”现象。年轻一代的华人运动，受其影响最大的仍然是年轻一代的华人，而不是老一代的华侨。

华人运动的另一个对象是美国社会，在这一方面，成效最大的不是留学生，而是土生华侨青年。近几年来，他们搜集了不少资料，也出版了不少书籍，向美国读者介绍中华移民的惨痛历史，他们历数19世纪华侨在美国西部筑路时所遭受的虐待、美国移民法的不公和美国各公司行号对黄种人的歧视等详情。这一股“控诉”的激流在美国社会已引起了若干积极的反响，不少大学纷纷成立“美籍亚洲人”或“美籍华人”研究中心，报纸和电视广播界也纷纷起用美籍华人，哥伦比亚电视公司的新闻记者Connie Chung和《纽约时报》的Frank Ching目前都是红得发紫的人物。最近电视剧《功夫》的流行，也可以说是受了华人运动的影响。土生华侨中的知识分子在他们的文化工作上干得有声有色，他们对美国社会的影响，远非留学生可以望其项背。这几年来，土生华侨文化显然已经抬头，并且日益茁壮，这种新文化在本质上既非中国文化，亦非美国文化——它的语言是英语，它的社会渊源是唐人街，它的发言人是土生华侨，它的对象是美国社会。许多留学生对其不屑一顾，认为它不是中国文化，但是却也不免忽略了这种新文化所蕴藏的丰富的内涵和动力。五六年前，我在旧金山的唐人街遇到一个怪人，他留了一头长发，在脑后盘了一个辫子，经友人介绍后，我问他对于海外中国文化的看法，不料他却把辫子一挥，滔滔不绝地说："什么中国文化？你们这些留学生满脑子就是中国文化，其实在美国社会哪里有中国文化？我是在唐人街出生长大的，我不会说国语，我的母语是英文，我的国籍是美国，我的文化背景就是这又脏又乱、为白人所耻笑的唐人街！我现在要以唐人街为荣，把唐人街的真相用戏剧的方式表现出来，我不像《新闻周刊》中的那位华人记者，他根本是'白化'（whitewashed）了，他哪里能代表唐人街？我现在刚写好一个剧本，正在排演，就是在讽刺他，也讽刺白人！"

这一席话把我听得目瞪口呆，不过我还是鼓足了勇气问他一句："作为一个黄面孔的华人，难道你对于中国的文化毫无向往吗？"

"什么向往？这都是废话！"他理直气壮地说，"我根本不懂中国文化，也没有时间搞中国文化，更没有什么兴致。请问你，在美国社会谈中国文化又有什么用？"

他这一阵反驳竟然使我哑口无言，于是就只好伸出手来，和他握了一下，并祝他好运。事隔数年以后，最近我在美国报章杂志上屡次读到他的文章；他的剧本在纽约上演，也得到不少好评。这些作品几乎完全以唐人街为背景，但是剧中的人物却是个个有血有泪，他们把因白人误解和歧视而产生的满腔愤怒像山洪暴发一样倾泻无遗。这位目前大名鼎鼎的剧作家就是Frank Chin，他和《纽约时报》的Frank Ching不同，二人观点也各异，而且还在一本纽约唐人街的杂志上打过笔仗。剧作家Frank Chin认为这位名记者Frank Ching早已与白人妥协，成了当权派，而后者则认为前者除了愤怒以外，别无他事。且不论二人孰是孰非，这位美国剧坛上的"愤怒的年轻人"却给我留下一个非常深刻的印象。

Frank Chin虽然代表土生华侨文化的一个极端，然而他已在美国艺坛争得一席之地，他的成就早已超越了《花鼓歌》的作者黎锦扬。黎锦扬笔下的唐人街是美国电影中的布景，《花鼓歌》中的人物是白人脑海里的浪漫意象。黎锦扬为了讨好美国人、做美国人的生意，遂不惜助长美国人的偏见。Frank Chin虽然矫枉过正，但是我宁愿接受他的唐人街，即使生他的气，也比看黎锦扬的电影痛快得多。也许，在美国的社会中产生这种愤怒的作品是理所当然的，Frank Chin 的戏剧使我想起了美国黑人作家琼斯（LeRoi Jones）的作品，二人的基调同是愤怒和热情。近年来美国的黑人运动已使白人几百年来遗留下来的对黑人的印象大为改观，黑人已不再是木讷无知、唯命是从的奴隶，而成了有血有肉的人。土生华侨的文化运动虽不见得能改变唐人街老华侨的心理，但至少也会使美国白人对美国社会中的“中国城”另眼相看：美国的华人，不仅仅只是餐馆或洗衣店中的人物，他们除了勤俭朴实、默默地以笑脸迎人之外，也有无尽的辛酸和血泪。

作为土生华侨文学中的中心意象，唐人街的意义似乎更大了。走笔至此，我不禁想到最近看过的一部名片——波兰斯基（Roman Polanski）的《唐人街》，这部电影的故事与唐人街全然无关，然而却以唐人街为片名，似乎颇有寓意。我认为这部影片的主题是人性的败落，片中人物的罪恶是洗不清的，所以波兰斯基在片中屡用清水和浊水来表现。水的意象本来就是波兰斯基的神来之笔，他的另一部名作《水中之刀》也是以水为象征。《唐人街》一片中的灌溉之水却掌握在老奸巨猾的约翰·休斯顿之手，休斯顿和自己的亲生女儿费·唐娜薇通奸，因而引出一连串冤孽。当故事发展到费·唐娜薇的豪华住宅的时候，我突然发现宅中的仆人都是华人，似乎女主人对华人颇有偏爱，直到片终的高潮——在洛杉矶唐人街的一场枪杀——过后，我才恍然大悟，原来片中的华仆就是罪恶的代表人物，女主角体尝罪恶，所以特别亲近华人，最后所有的罪恶人物都齐集在唐人街，如此看来，“唐人街”岂不成了罪恶的渊薮？波兰斯基一向偏重人性中的罪恶一面，据说他特别修改了片中的结局，使万恶之首的约翰·休斯顿扬长而去，这显然是他的悲观哲学的表现。我不反对波兰斯基的悲观，但却不禁为他心目中的“唐人街”摇首兴叹！“唐人街”一直是西方人眼中的罪恶之地，这一个观念原非波兰斯基的创见，而是渊源已久，罗默（Sax Rohmer）笔下的“傅满洲”（Fu Manchu）小说和电影不是已经把唐人街视为罪恶世界了吗？也难怪身处其境的 Frank Chin 要愤怒了！我发现自己对于美国的“中国城”的感情更深了，外国人越把它视为罪恶之源，我越想把它作为我心目中的圣地。

赏读

读完这篇文章的前半部分，你可能会更加理解一个说法："出了国的人更爱国"。

"美国的'中国城'，是这一代海外华人心灵上的'避难所'……大城市里有'中国城'，没有'中国城'的小地方则以中国餐馆代之，如果没有中国餐馆，则往往是在几家中国人家里轮流聚会，海外的华人就靠了美国社会中这些大大小小的'孤岛'来延续他们的文化生命。"

国家之于国民，正如母亲之于孩子。一个孩子无助地来到陌生的世界，离开了母亲是很难活下去的；一个人去到陌生的国度，也是艰难的。人是关系的动物，离开了关系，人难以生存。母亲之于孩子，是最初的重要客体关系；国家之于国民，也是众多客体关系的集合，那里有亲人、朋友、喜欢的口味和熟悉的文化认同。因此，本质上，没有一个孩子不爱母亲，没有一个国民不爱自己的国家。

而这篇文章的后半部分，则精彩地讲述了那些移民后代对于唐人街的复杂感情，他们作为华裔生活在美国唐人街，要遭受本土美国人的歧视。面对这种痛苦，他们有的努力地融入主流社会，有的奋起反抗：

"年轻一代的华侨往往在唐人街长大，所以对于自己所熟悉的环境久而生厌，极思反抗。他们最初都很想挣脱'中国城'的桎梏而打入美国社会，他们计划于飞黄腾达、娶妻生子之后，在美国大城市的郊区买幢房子，和大多数美国中上阶级的人一样，安享其'郊区生活'。"

"华人运动的另一个对象是美国社会，在这一方面，成效最大的不是留学生，而是土生华侨青年。近几年来，他们搜集了不少资料，也出版了不少书籍，向美国读者介绍中华移民的惨痛历史，他们历数 19 世纪华侨在美国西部筑路时所遭受的虐待、美国移民法的不公和美国各公司行号对黄种人的歧视等详情。这一股'控诉'的激流在美国社会已引起了若干积极的反响，不少大学纷纷成立'美籍亚洲人'或'美籍华人'研究中心。"

我们或许没必要去评判他们的选择哪种好哪种不好，我们更可以看见的是人类某种共同的命题——如何更好地活下来。移民们并不如我们想象中的幸福，他们将生命播撒到大洋彼岸，要经受很多的生存考验。虽然他们有了新的国籍，但是他们身上仍然彰显了华人族群的强大生命力。无论是一个民族，还是个人，都需要有这种强大的生命力。

作品

天堂下的布达拉[1]

祝　勇

一

我看到了世界上最高的纪念碑，选择了接近天堂的位置，仿佛高悬的灯，即使在遥远的距离以外，人们也投以仰视的目光。它比阳光传播得更远，因为它更慷慨、仁慈和神圣。它能穿透黑夜，抵达阳光不及的死角。由青藏线进藏，沿途常会见到磕长头前往拉萨的藏人，他们合拢的手掌永远指示着两个方向——天空和拉萨。他们的表情中已经透露了布达拉宫的尊严。走进拉萨之前，我已从每个朝拜者的脸上，看到了布达拉宫红墙的反光。

在拉萨，早上拉开窗帘我就会看到它——布达拉宫就在喜马拉雅饭店的窗外，如时间一样永不消失。每天的阳光最早降落在布达拉宫金顶上——它们之间有着最迅捷的通道，使布达拉宫金顶最早接受来自天空的讯号。这表露了布达拉宫与天堂

① 选自《西藏书——十年藏行笔记》（东方出版社 2015 年版）。祝勇，生于 1968 年，山东东明人，著有《与梦相约》《用心灵守候你》等。

不同寻常的关系。我甚至认为在天空深处还有一座布达拉宫，与我们视野中的那座宫殿遥相呼应。在布达拉宫里穿行的僧人，则是神明与凡人之间的中介者，他们的语言如晶莹的法器，闪烁着天空的光泽。

布达拉宫始终如一地保持着与天堂的对话，使用着绝无仅有的语种，只有德行高尚的僧侣才能听懂。在藏文面前目不识丁的我自然无从领会这些玄奥的对话——即使汉语经文，对我来说也是一个完全隔绝的世界——但我能够依稀感觉到在布达拉宫上方飘动的音韵，像歌声一样悠扬，时聚时合，似有还无。我预感到布达拉宫这本无比巨大的石头经书中蕴藏的信息，它容纳了西藏全部的精神和历史，我决心去读它。我迈上了宫殿的第一级台阶，仿佛掀开了一部厚重经书的第一个页码。

二

我听得到早晨的声音。阳光如同天空散落的佛珠，自宫殿的金顶滚落，最先是金顶中央那只最高的宝瓶，紧接着就如落雨般密集，顺着金色歇山顶的沟槽蔓延，红白两色的宫殿旋即明亮起来，如同老人在深夜里用酥油灯点亮的神话。我听得到阳光在宫墙上行走的嚓嚓声，由远及近，由模糊而清晰。在夜与昼的边界线上，来自天国的照明，使布达拉宫犹如一片巨大的幻影闪现出来。阳光无微不至，深入石墙的每一个凹痕，仿佛神的关怀。

朝圣者从早晨就来到布达拉宫广场。应该说布达拉宫广场是整座城市最先苏醒的神经。夜色一点点被阳光融化，朝圣者带着夜晚残留的寒意出现在布达拉宫早晨的光环中。在空气稀薄的高原上，阳光是最浓稠的物质，伸手可及，有着丝绸般凉滑的质感，如天堂垂下的帷幔。我看见那些逆光的剪影，磕长头的每个分解动作在帷幔后面交替出现，金色的阳光反衬出他们卑微的身影。即使相隔很远，我也能够听见他们以额头叩击大地的声音，仿佛神秘的鼓点，有着特殊的韵律和节拍。

旅游者一律从东门进入布达拉宫，而朝圣者则从西门。细心的人能够听出两种脚步的差别——前者很重，有如一种沉闷的钝音，还夹杂着粗砺的喘息声，好像劣质的乐器传达出的不和谐音符；后者则小心而轻盈，就像缭绕在他们唇齿间的祷告之声。旅游者与朝圣者循着各自的线路进入布达拉宫，观光客与朝圣者，始终是逆向而行，他们无法合流到同一队伍中。这样的好处是使我总能从正面观察朝圣者的面孔，藏教的全部教义都写在那些面孔上。我看见牙齿残缺的老人一丝不苟地爬伏在地上，再艰难地起来，嘴里的祷告声从不中断。他们把仅有的纸币放在神像的边缘，如同把整个生命，交付给神灵。

三

我面对布达拉宫，那座无数次出现在各种印刷品上的神奇的宫殿，无法解释自己为什么因为“看到”而兴奋，我甚至还无法确定我究竟“看到”了什么——被布达拉宫收藏的细节，远比它呈现出来的更多。或许我应该这样询问自己：我是否进入一个假设性的前提中，使我在见到它以前，就完成了主观性的想象？如同罗兰·巴特在《埃菲尔铁塔》一文中所说，铁塔在诞生之前就已经存在于人们的心中了。谁能说我们所求取的物质生活不是一个假设性前提？又有几人能证明全部的幸福已经包含在我们“唯物主义”的生活之中？布达拉宫，这座政教合一的宫殿不仅是一种视觉奇迹，也是在接近天空的地方，为我们沉闷的俗世生活开启的一扇天窗。

四

我看到了几百年前的布达拉宫，因为在近几百年中，它并无太大的改变。时间总是借用空间场地来展现它的形骸——空间容易被看见，而时间却不能。据说人类空间感的产生先于时间感，我想这大抵是因为空间是在视觉作用下直接呈现出来，而时间则需要依靠记忆对空间的变化进行组接。

作为空间形态的布达拉宫坐落在布达拉山（即红山）之上，由宫堡、城堡和林卡三个部分组成。有红宫、白宫、朗杰扎仓、扎厦、僧官学校、王坚觉、夏钦觉、结布觉、旦玛觉、瑶西、藏军司令部、印经院、监狱、骡马圈、供水院等建筑，这些对我而言难以记忆的专有名词有如一组艰涩的词条，注释着西藏社会生活的方方面面。它的修建史又贯穿一千二百多年，它回环交叉的走廊和楼梯，可能指引我们置身于一个古老的历史现场——达赖喇嘛一身绛红色僧袍在白宫的寂圆满大殿主持修行仪轨、僧俗官员列队穿越门楣上方排列着象征七政宝的七头狮子的政务大门、藏军士兵屹立在瞭望碉堡上守卫城堡、东欢乐广场上举行盛大的跳神活动（每年藏历十二月二十九日），从白宫第八层东日光殿敞厅的窗子里，浮现出达赖喇嘛古奥的面孔——迷宫样的布达拉宫如同刻度清晰的坐标，为五界中的各色人等安排了明确的位置，而那些伟大的死者——诸如五世、七世、九世、十世、十三世达赖喇嘛——的灵塔，则被供奉于宫殿最高处的金顶群中，成为布达拉宫的永久居民，在最高处，观望着尾随在他们身后的历史……

但是时间毕竟有着不可估测的深度，即使站在布达拉宫顶端，我的目光也会在时间的某一个远方戛然而止。在我目光的终点之外，布达拉宫的建筑曾经几度发生变化。最早读到有关布达拉宫的文字是从五世达赖罗桑嘉措的《西藏王臣记》里：

> 在红山那里，筑起三道围城。然后，在围城当中，修起了堡垒式的宫室九百九十九座，又在红山顶上修起一座来凑足千座之数。这些宫室都装饰以金铃、尘拂、珍珠鬘、璎珞等物，显得十分壮丽，真与天宫相媲美。藏王和王妃的宫室之间，是以银桥和铜桥连接在一起。宫室的基地上竖有一千支尖端锋利的长枪，枪上系着随风飘动的美丽长幡。四面又有能收集一切财物资具的四门，各门之上是穹隆的屋顶来美饰。外面利用低洼坑道作为跑马聚点的跑马场，深二庹、宽十八庹、长三百庹。在坑道上面排列着木板，板上铺着厚砖。这样做的作用是，一马飞驰就有万马奔腾之声。总的说来，由于福德的力量，俨然是把罗刹王楞伽山主拥有的十项城，都搬到了雪域西藏的那般景象。

松赞干布用生命中一半的时间荡平吐蕃，用另一半时间建筑辉煌的宫殿和寺庙。对空间的占有仰赖时间的援助，我在想象中听到时间的尘埃在缓慢地落定，看到红山的高度在一厘一厘地长高。已经很难推测究竟是在什么时候，奴隶搬上去最后一个石块，工匠涂抹上最后一道金漆，完整的布达拉宫第一次耸立于高原之上，仿佛俗世中的臣民对天国梦想的总和，绚烂的王宫，完成了对冰雪王国的一次神奇的改造。

据说当时的布达拉宫虽然在高度上不及今天，但是由于当时红山和药王山还是一脉相承的两座山峦，因而布达拉宫在两座山峦上错落铺展，依然无比的雄浑辉煌。如此豪华的布达拉宫幻影般消失了，连同松赞干布、文成公主俊俏的神姿，都流失于历史的暗夜里。时间在协助英雄完成业绩之后，又断然抽走了它的梯子。由于失去了时间的支撑，布达拉宫巨大的空间终于坍塌下来，留下的只是一段斑驳的传说。

可以理解松赞干布寻求永恒的努力，但他的努力显然没有得到时间的首肯。不仅他建造的王宫灰飞烟灭，连他建立的统一王国也在他辞世后土崩瓦解。烽烟四起，群雄逐鹿，在松赞干布的背影消失之后，西藏翻版了春秋战国的历史。这使他的生命成为一段业已封闭的道路，消逝于时间的荒野里。布达拉宫的消失，带走了一个英雄生命的痕迹。

五

死去的松赞干布在整整一千年后得以复活，17 世纪中叶，五世达赖罗桑嘉措决定用真实的石头取代他优雅的藏文，复现布达拉宫的壮丽神奇。时间仿佛又回到原点，像旋转的法轮一般严丝合缝。五世达赖打开了那扇隐秘的暗门，时间就又回到了原来的河床上，仿佛从来不曾断流。

松赞干布和文成公主相继去世后，西藏发生了一场动乱。与漫长而艰难的建造过程形成对比，刚刚修筑起的布达拉宫还没来得及给世界留下一个清晰的轮廓，就在动乱中被迅速烧毁，只剩下少数殿堂，追述着松赞王朝的往事。此后，赤松德赞时期，一场雷火又将剩余宫殿全部毁灭。朗达瓦动乱使西藏陷入持续四百年的分裂中，萨迦王朝的政治中心在萨咖，帕竹王朝的政治中心在乃东，噶玛王朝的政治中心在日卡孜（日喀则），布达拉宫沦为一堆被人遗忘的废石，如同散乱的古文字，将一个时代汹涌的气势掩埋在无人察觉的深处。

修建白宫的时候，五世达赖亲自为白宫图纸作了吉祥加持，于是，纸上的宫殿，被按照比例放大于红山之巅。时间显然遭遇了它真正的敌人——信仰。信仰成为西藏人与丢失的历史、圣洁的宗教之间的联结物。于是，布达拉宫出现在几乎与原来相同的位置上，只是高度有所增加（五世达赖辞世后，在第巴·桑结嘉措的主持下，又在白宫的基础上修建了红宫，使布达拉宫的总高度达到 115.703 米）。以后，历世达赖喇嘛又陆续增建了五个金顶和一些附属建筑，这座浩瀚的建筑，犹如一朵巨大的莲花，在高处次第展开花瓣。随着 1936 年（藏历火鼠年），十三世达赖喇嘛的灵塔建成，布达拉宫才最终凝固成今天这个样子。

孔德（A. Comte）曾经提出过一个意义深刻的命题：世界历史在其发展的程序中越来越多地为死者所决定和操纵，而越来越少地为生者所决定和操纵。① 从某种意义上说，松赞干布的业绩并没有消失，它从喇钦朗热瓦的图

---

① 舍勒. 死·永生·上帝［M］. 孙周兴，译. 北京：中国人民大学出版社，2003：7.

纸中辨认出自己，并从罗桑嘉措和桑结加措们那里寻找到似曾相识的身影。时间并非绝缘体，松赞干布跨越了一千年的时光与罗桑嘉措们对话，阳光照亮了他们的声音，仿佛照亮一把清脆的藏刀，让敌人消失，让天国的光环永远护佑布达拉宫。

法王洞里，松赞干布的金身塑像，表情如昨。

六

我相信，高度对于任何一座伟大的建筑都会构成诱惑，使它不顾一切地爬升。从山底一级级升上去的石梯、锯齿状的女儿墙、下宽上窄的梯形宫堡，以及宫顶那组歇山顶式的金顶，使布达拉宫摆出一个类似于飞天的姿态，令人们确信这座沉重的宫殿始终沿着时间的纵向轨迹向天空挺进。

永恒的石头成为宫殿不朽的注解，它们把岩石内部的顽强传递给宫殿里的每一位住民。据说与欧洲比较，中国缺乏石构建筑的历史，梁思成在他著名的《中国建筑史》中得出这样的结论：

> 匠人对于石质力学缺乏了解。盖石性强于压力，而张力曲力弹力至弱，与木性相反，我国古代虽不乏善于用石之哲匠，如隋安济桥之建造者李春，然而通常石匠用石之法，如各地石牌坊、石勾栏等所见，大多凿石为卯榫，使其构合如木，而不知利用其压力而垒砌之，故此类石建筑崩坏者最多……①

显然，布达拉宫为这段话提供了反例，那些从天国的仓库里搬运来的石头，使宫殿成为高山的一部分。来自石头内部的力量使它们彼此凝结——错落交合的石块如一部加厚字典，注明了石头宫殿的营建奥秘；为了减小地基的承载力和墙体自重，营建者有意加大墙体下部与地基的接触面，从而减小墙体对地基的压强，同时，由墙体下部逐渐向上收分，以递减墙体厚度，降低墙体自重，避免墙体外倾；宫殿任何一个墙角的横切面，都必然是一个直角，而所有直角的顶点，又必在一条直线上……

几何学转入中国是明代以后的事，然而，早在公元前 2 世纪，雅砻王统第一代赞普聂赤赞普时期，藏人就凭借自身对世界的认识，修建了雍布拉康，证明中国石构建筑的技术在两千年前就已成熟。而在这一系列复杂的力

---

① 梁思成．中国建筑史［M］．天津：百花文艺出版社，1998：17.

学与几何关系之上，高不可攀的天堂一天天地降低它的高度。更绝妙的事情在于：脚手架搭建于宫殿内部，那些被宫殿借以向天空攀援的无数只手被掩蔽起来，人们看到的是布达拉宫自己在不断长高，这暗示了一个事实：所有的功绩都属于永恒的石头，所有创造奇迹的手都将消失于石头的背后。

七

掀开一块木板，我顺着木板楼梯攀上宫顶。宫殿内部幽深的过道一度使我丧失了对高度的察觉，而此刻，在一个令人晕眩的高度之上，轻度缺氧却刚好令我产生对宗教的幻觉——它让我看清了尘世的大部分街景，如同精确的坐标确定了人们的生存位置；同时感受到天堂的近在咫尺——如果再拥有一把梯子，我的身体将会出现在云端。诡秘的布达拉宫内部存在着一种魔法，使人们在任何一个不经意的瞬间里，都有可能完成一次不可思议的时空切换。

但那副梯子或许永难到来，建筑标明了像我这样的庸众所能抵达的高度极限，如果没有石头的托举，我已不可能向上再走一步，即使我看清了天堂为众生敞开的窗户。在这里，我第一次感受到自己肉身的沉重和脚步的无力。天堂之路遥远而坎坷，它藏在闪亮的转经筒里，藏在那些使一切幽暗之物都能发出光泽的神秘咒语里，藏在死亡的寂静里。

死亡犹如圆满的句号。灵塔是逝去的达赖在人间保留的最后故居①——他们早已抵达了理想的国界，为了便于往来，灵塔的金顶，占据着布达拉宫的至高位置。它们排列有序，如省略号，暗示着某些未曾表达的心灵密码。人们把他们供奉于空间的最高处，不仅是为了确保这座宫殿获得神的庇护，同时为了使他们免于时间之海的湮没。布达拉宫因此成为世界上最高的墓碑，它标明了死亡的尊贵和生命的卑微。

空间以它的最高形式进入时间，在它们的交叉点上出现的是墓碑。通过把时间凝固在空间中，墓碑表露了生命对时间和空间有限性的抵抗。墓碑在它永恒的空间里，为消逝的时间提供了栖息的场所，同时，又像高耸的桅杆，预示着未来的前进。它们让我们相信那些如泡沫般消失于尘世的身影正

---

① 布达拉宫顶上由五世、七世、九世、十三世达赖喇嘛灵塔金顶和圣观音主殿金顶，组成了布局奇特、金碧辉煌的金顶群。

在天空中济济一堂，在死神背后，他们正在进行圣宴，并且欢乐地舞蹈和歌唱。

八

正如上一章所提到的，我第一次望见布达拉宫，是在傍晚时分。我已忘记了从当雄草原抵达拉萨所花费的时间，但我清晰地记得宫殿背后那片大面积的红色光芒，雪山也因其而改变了颜色，变成一片难以置信的深红。越野车沿着拉萨河走，湿润的风带着冰山的寒意从古老的河面上掠过。如同根系里流动的树液，那条河将带我找到那颗苍老、茂盛的高大的树冠。终于，在喧哗的市声之上，红山上的布达拉宫如约而至。我发现所有的道路都通向它，而且全部是前行，没有折返路线。它像一块巨大的磁铁吸引着水流和人流。它耸立于人世与天堂的十字路口，我甚至怀疑，它是否是天堂投射在人间的一个魔幻般的倒影？当我即将来到它身边，亲自用手去触摸它的时候，夜幕降临了。如同掉落到深水里，它在黑暗中神奇消失。它令我怀疑起自己的视觉和记忆，在拉萨城幽深的寂静里，我度过了一个无眠的难熬的夜晚。

赏读

每个人心中都有一个西藏梦，每个人心中都有一座布达拉宫。

但这一个布达拉却独属于苦心孤诣文思瑰丽的祝勇。

在这里，你看不到传统散文所谓作者的游踪，因为他完全不在意自己游览了布达拉宫的哪些地方，他根本就不是个游客；你也看不到传统散文所谓作者的情感变化过程，他不屑于那种单向线性的简单叙事或融情于景，作者对理性沉思的偏爱与自信远胜于内心情感的流泻与抒发，所以这里只有无尽的联想和深邃的哲思，有时行文甚至几近于学术性的抽象阐述。在这里，作者既是学者，又是诗人，学理与想象齐飞，沉厚共飘逸一色。伫立布达拉宫前，作者真正做到了“精骛八极，心游万仞”①，既不受时空的拘囿，也无视按部就班的描写叙述，作者以诗一样的跳跃和小说一样的意识流恣意地探入布达拉宫与天相接的金顶、沉重而永恒的石头以及布达拉宫千百年来的历

① 陆机：《文赋》。

史深处，纵横捭阖，挥洒自如。所以，若论作品内涵的丰富与复杂，作品意蕴的深度与维度，祝勇不啻远超无数前辈散文名家，也当为21世纪新散文年轻作家群之翘楚。

第一部分：作者开篇就说布达拉宫是“世界上最高的纪念碑”，“选择了接近天堂的位置”，“甚至认为在天空深处还有一座布达拉宫”，“布达拉宫始终如一地保持着与天堂的对话”，“我预感到布达拉宫这本无比巨大的石头经书中蕴藏的信息，它容纳了西藏全部的精神和历史，我决心去读它。”这是全文的引子，也是全文内容的提要。

第二部分：作者把布达拉宫置于“夜与昼的边界线上”，拂晓的“阳光如同天空散落的佛珠，自宫殿的金顶滚落”，这是“来自天国的照明”，“仿佛神的关怀”。“朝圣者带着夜晚残留的寒意出现在布达拉宫早晨的光环中”。在此，作者特别把“朝圣者”和“旅游者”分开，两者“始终是逆向而行，他们无法合流到同一队伍中”。朝圣者来到布达拉宫一丝不苟地顶礼膜拜，“如同把整个生命，交付给神灵”。在这里，布达拉宫的朝阳“如天堂垂下的帷幔”，朝圣者磕长头的身影和从不中断的祷告声，“犹如一片巨大的幻影”闪现在我们眼前。

第三部分：这是一个过渡，也是一个转折。作者的一个“无法解释”、一个“无法确定”和一个“询问自己”迅即牵引我们不仅要看到布达拉宫的“视觉奇迹”，更要看到布达拉宫更多“收藏的细节”，是“为我们沉闷的俗世生活开启的一扇天窗”。显然，作者最有兴趣的点不是眼前看得见的布达拉宫，而是那些看不见的被布达拉宫“收藏的细节”。

第四部分：于是作者带我们走进了“几百年前的布达拉宫”。“时间总是借用空间场地来展现它的形骸”，时间“依靠记忆对空间的变化进行组接”。这里不仅有历史的纵贯——“它的修建史又贯穿一千二百多年”，更有在历史的“回环交叉的走廊和楼梯”间发生的“一个古老的历史现场——达赖喇嘛一身绛红色僧袍在白宫的寂圆满大殿主持修行仪轨、僧俗官员列队穿越门楣上方排列着象征七政宝的七头狮子的政务大门……”。作者着重为我们还原了松赞干布用生命的“另一半时间建筑辉煌的宫殿和寺庙”和这些宫殿寺庙在烽烟四起群雄逐鹿的时代灰飞烟灭的“一个英雄生命的痕迹”。

第五部分：布达拉宫历经人间战火和自然雷火的毁灭后，五世达赖喇嘛再次复现了布达拉宫的壮丽神奇。后经历世达赖喇嘛的增建扩建，直至1936年，“十三世达赖喇嘛的灵塔建成，布达拉宫才最终凝固成今天这个样子”。进而作者得出结论，“松赞干布的业绩并没有消失”，“跨越了一千年的时光与罗桑嘉措们对话”，“让敌人消失，让天国的光环永远护佑布达拉宫”。在历史长河的隧道里作者看到了时间的永恒和英雄业绩的不朽。

第六部分：作者思考的是石头与布达拉宫高度的关系。“永恒的石头成为宫殿不朽的注解”，“那些从天国的仓库里搬运来的石头”使“沉重的宫殿始终沿着时间的纵向轨迹向天空挺进”，“使宫殿成为高山的一部分”，“它们把岩石内部的顽强传递给宫殿里的每一位住民”。作者最后得出结论：“所有的功绩都属于永恒的石头，所有创造奇迹的手都将消失于石头的背后。”

第七部分：作者来到布达拉宫宫顶的感悟与思考。“它让我看清了尘世的大部分街景”，“确定了人们的生存位置；同时感受到天堂的近在咫尺”。“占据着布达拉宫的至高位置”的灵塔是“世界上最高的墓碑，这标明了死亡的尊贵和生命的卑微”。“墓碑在它永恒的空间里，为消逝的时间提供了栖息的场所”。作者对灵塔的感悟再次系于时间与空间的交叉点上。

第八部分：结尾。作者把时间锁定在了傍晚时分，与第二部分相照应。红色的夕阳照耀着布达拉宫，连周围的雪山也“变成一片难以置信的深红”。“我发现所有的道路都通向它，而且全都是前行，没有折返路线”，“它耸立于人世与天堂的十字路口”。值得注意的是，作者忘记了到达布达拉宫所花费的时间，但他清晰地记得第一次望见布达拉宫是在傍晚时分。“当我即将来到它身边，亲自用手去触摸它的时候，夜幕降临了。如同掉落到深水里，它在黑暗中神奇消失。”从朝晖中的布达拉到夕阳中的布达拉，从日出到日落，“时间仿佛又回到原点，像旋转的法轮一般严丝合缝。”一天等于上千年，这也许是冥冥中的天意，也可能是作者可遇不可求的完美收束。

这是作者献给布达拉宫的礼赞，也是作者唱给布达拉宫的神曲。

我们不仅看见了空间凝固的布达拉宫，也看见了被时间隐藏的布达拉宫。

也许有人会问：“布达拉宫与故乡有什么联系？”

苏轼说：“此心安处是吾乡。”

你忘了吗？

话题探究

1. 彭程说："热爱母语，热爱来自母亲的舌尖上的声音，应该被视为是一个人的职责，他的伦理的基点。他可以走向天高地阔，但母语是他的出发地，是他不断向前伸延的生命坐标轴线上，那一处不变的原点。"对此，你有何感想？

2. 你听过秦腔或京剧豫剧越剧还有昆曲吗？你了解你家乡的地方剧种吗？你认为传统戏曲在今天的现实意义有哪些？传统戏曲又应如何走近青少年？

3. 博大精深的中华传统文化，它能增强我们的骨气和底气，是我们最深厚的文化软实力，是我们文化发展的母体。"文化自信"是一个民族、一个国家对自身文化价值的充分肯定和积极践行，并对其文化的生命力持有的坚定信心。

请以"底气"为话题写一篇文章，表达你对文化自信的理解。

4. 你去过西藏、新疆、青海、宁夏、云南和贵州等少数民族聚集的地方吗？你对藏族、回族、维吾尔族等少数民族文化有所了解吗？

选择一个少数民族的历史发展与文化特点作为你的研究对象，搜集资料，并结合自己的生活经历，谈谈你对少数民族文化的感悟。

村桥原树似吾乡

导读

说起乡愁，“故土”“家园”就是思念终端最温暖的守望。无论我们身处何处，信仰、价值观如何殊异，对温暖家庭的渴望与归属是人类最大的公约数。

不论是古代的达官显贵、迁客骚人，抑或近现代的风流才子、凡夫俗客，美丽的大自然永远都是案牍劳形、羁旅愁苦之时抚慰心灵的庇护所。山水胜景、僻远之地，都可化作人与自然和谐相拥的动人诗篇。宋代诗人王禹偁曾在《听泉》诗里自嘲：“平生诗句是山水，谪宦方知是胜游”。一方美景给了诗人极大的抚慰，安顿了迁客的心灵，将思乡之情融化在那颗诗心里。颇负盛名的就是那首《村行》，诗人信马由缰、乘兴而游，尽享菊花初黄、山野岑寂；经霜的棠梨叶红艳似火、明艳照人，成片的荞麦花色白如雪、清香扑鼻；小桥流水、原野繁树，煞是眼熟，那一刻以为自己回到了故乡，等回过神来，才惊觉自己正宦途失意、有家难归，不禁惆怅懊恼起来，感慨道“村桥原树似吾乡”，更是增添了无尽的乡愁。

何谓乡愁？在伟大的爱国诗人屈原笔下，是他为“美政”矢志不渝却遭群小攻击、被楚怀王疏远，致使理想落空、宁死以殉其“美政”时“陟升皇之赫戏兮，忽临睨夫旧乡。仆夫悲余马怀兮，蜷局顾而不行”的那份忧愁。人生已经谢幕的“乡愁诗人”余光中先生，羁旅漂泊数十年，沉淀下来对祖国、对家乡的至深至爱，家国之思是他作品的永恒主题，流传最广的当属他的那首脍炙人口的《乡愁》，但在写作《乡愁》之前，余先生 38 岁时就写下了《当我死时》这首乡愁情结、爱国情感极为浓郁的诗篇：“当我死时，葬我，在长江与黄河之间/枕我的头颅，白发盖着黑土……”他日思夜想的故乡，是再也回不去的故土；深邃的中国文化，是他人生的注脚、精神的栖所。席慕蓉女士也曾于 20 世纪 80 年代初写过一首《乡愁》短章：“故乡的歌是一支清远的笛/总在有月亮的晚上响起/故乡的面貌却是一种模糊的怅惘/仿佛雾里的挥手别离/离别后/乡愁是一棵没有年轮的树/永不老去”。故乡如清远笛声的歌谣，总有月色烘托；故乡没有年轮的古树，承载了诗人永不老去的乡愁。

在很多学者文人看来，乡愁是中国文学最古老的主题之一，是永恒的母题，无论是“昔我往矣，杨柳依依；今我来思，雨雪霏霏”，还是“日暮乡关何处是，烟波江上使人愁”，抑或“何事吟余忽惆怅？村桥原树似吾乡”，诗中渗透的漂泊感、迷失感和孤独感，都是拂之还来的浓浓乡愁。之所以人有乡愁情结，实际上就是精神归所暂无着落，虽说沧海桑田，不复往昔。在中国快速的现代化和城市化进程中，繁荣城市衬托下的衰败农村，使如今的乡愁确也成为生命不能承受之重！你在城市文明的这一头尽享繁华，但乡愁还在，你试图找寻田园牧歌式的村落，可儿时记忆中的古树场院、邻里炊烟、田野阡陌在消亡，家祠祭祖、邻里宗亲、乡绅家规也逐渐衰落，中国5000年来的乡村模式几乎不复存在，那是真真切切的回不去了，乡愁的寄托成了一个幻象。

本单元所编选的5篇文章，从不同角度诠释了“乡愁”与“家园”这一永恒的主题。梁实秋先生的《雅舍》篇幅精短，却足见才子风流、功力深厚。作者抗战时期流落重庆北碚，与友人一同购得平房一室一厅，屋舍虽以“雅”为名，实乃一栋典型的“陋室”，环境之恶劣令来客无不惊叹，但作者处变不惊，安之若素。作客他乡，寓居陋室，骚人墨客常聚于此，于困境见达观，于浮世见雅趣。文章结束语引用刘克庄《玉楼春》中的名句“客里似家家似寄”，以戏谑、自嘲的口吻委婉、细腻地表达了抗战时期流落重庆的漂泊之感。“父与子”是“故土·家园”这一母题的思考与延伸，古今中外很多的文学作品都以此为题，为人熟知的有屠格涅夫、卡夫卡、鲁迅的作品，但大多都是刻画父子冲突、检视成长阴影，当代作家汪曾祺先生的《多年父子成兄弟》偏偏反其道而行，在长幼有序的理论支撑下，滥用权威、苛虐孩子成为“严父”的标配时，竟然拥有一个有着非凡才艺、儒雅亲和、童趣横生，骨子里透着古代名士风度、和儿子处成兄弟一般关系的父亲！汪曾祺先生何其有幸！想必他此生无论身处何处，对父亲的牵念怀恋一刻不少。《故乡的榕树》是黄河浪先生通过回忆故乡榕树下的童年生活而抒发思乡之情的散文，写此文时作者“已离乡千里万里外了”，而且时间已过“三十年”，但故土旧物、故人往事铭心刻骨，乡情浓郁、情动于衷、催人泪下。

游子对母亲的思念，通过两棵苍老蓊郁的榕树，娓娓地铺展开来。雨、月、水是自然之物，原本常见，不足为奇，但配上情调和诗意，就变成听雨、看月、弄水这样的风雅趣事。胡晓鸣先生《听雨·看月·弄水》一文，用三个极其诗意的生活场景，勾连古今，横跨东西，让身处“人造世界”的现代人兀自对自然的怀抱生起无限的憧憬，让焦虑的现代人对奢侈的慢生活有了更多的怀想。古诗文中不乏听雨、看月、弄水的情致风韵，而这趣味能否疗救如今都市人的“怀乡病”，还得看今人的智慧与觉悟。费孝通先生在《乡土中国·家族》一文里，为我们阐述了乡土社会中基本的社群——“大家庭”，他认为“大家庭”其实应该称为“小家族”更为恰切，且认为宗族并不是一个膨胀的家庭，甚至不能理解为一种亲属组织，而是一种地方组织。这种地方组织具有一定的政治和经济权力。中国的乡村普遍具有道德治理的传统，“熟人社会”的特质造就了乡村社会仍然保有一种内生的乡土秩序，费孝通先生名之为“差序结构”“长老统治”，这种掺杂了地缘、血缘、人缘而生成建立的治理秩序长期以来保持着宗族理事、长者定事、德者说事的传统。

作品

雅　　舍[1]

梁实秋

到四川来，觉得此地人建造房屋最是经济。火烧过的砖，常常用来做柱子，孤零零的砌起四根砖柱，上面盖上一个木头架子，看上去瘦骨嶙嶙，单薄得可怜；但是顶上铺了瓦，四面编了竹篦墙，墙上敷了泥灰，远远的看过去，没有人能说不像是座房子。我现在住的“雅舍”正是这样一座典型的房子。不消说，这房子有砖柱，有竹篦墙，一切特点都应有尽有。讲到住房，我的经验不算少，什么“上支下摘”，“前廊后厦”，“一楼一底”，“三上三下”，“亭子间”，“茆草棚”，“琼楼玉宇”和“摩天大厦”，各式各样，我都尝试过。我不论住在哪里，只要住得稍久，对那房子便发生感情，非不得已我还舍不得搬。这“雅舍”，我初来时仅求其能蔽风雨，并不敢存奢望，现在住了两个多月，我的好感油然而生。虽然我已渐渐感觉它是并不能蔽风雨，因为有窗而无玻璃，风来则洞若凉亭，有瓦而空隙不少，雨来则渗如滴漏。纵然不能蔽风雨，“雅舍”还

---

① 选自《梁实秋雅舍小品全集》（上海人民出版社 1993 年版）。梁实秋（1903—1987），原籍浙江杭县，著有《雅舍小品》《槐园梦忆》《英国文学史》等。

是自有它的个性。有个性就可爱。

“雅舍”的位置在半山腰，下距马路约有七八十层的土阶。前面是阡陌螺旋的稻田。再远望过去是几抹葱翠的远山，旁边有高粱地，有竹林，有水池，有粪坑，后面是荒僻的榛莽未除的土山坡。若说地点荒凉，则月明之夕，或风雨之日，亦常有客到，大抵好友不嫌路远，路远乃见情谊。客来则先爬几十级的土阶，进得屋来仍须上坡，因为屋内地板乃依山势而铺，一面高，一面低，坡度甚大，客来无不惊叹，我则久而安之，每日由书房走到饭厅是上坡，饭后鼓腹而出是下坡，亦不觉有大不便处。

“雅舍”共是六间，我居其二。篦墙不固，门窗不严，故我与邻人彼此均可互通声息。邻人轰饮作乐，咿唔诗章，喁喁细语，以及鼾声，喷嚏声，吮汤声，撕纸声，脱皮鞋声，均随时由门窗户壁的隙处荡漾而来，破我岑寂。入夜则鼠子瞰灯，才一合眼，鼠子便自由行动，或搬核桃在地板上顺坡而下，或吸灯油而推翻烛台，或攀援而上帐顶，或在门框桌脚上磨牙，使得人不得安枕。但是对于鼠子，我很惭愧的承认，我“没有法子”。“没有法子”一语是被外国人常常引用着的，以为这话最足代表中国人的懒惰隐忍的态度。其实我的对付鼠子并不懒惰。窗上糊纸，纸一戳就破；门户关紧，而相鼠有牙，一阵咬便是一个洞洞。试问还有什么法子？洋鬼子住到“雅舍”里，不也是“没有法子”？比鼠子更骚扰的是蚊子。“雅舍”的蚊风之盛，是我前所未见的。“聚蚊成雷”真有其事！每当黄昏时候，满屋里磕头碰脑的全是蚊子，又黑又大，骨骼都像是硬的。在别处蚊子早已肃清的时候，在“雅舍”则格外猖獗，来客偶不留心，则两腿伤处累累隆起如玉蜀黍，但是我仍安之。冬天一到，蚊子自然绝迹，明年夏天——谁知道我还是住在“雅舍”！

“雅舍”最宜月夜——地势较高，得月较先。看山头吐月，红盘乍涌，一霎间，清光四射，天空皎洁，四野无声，微闻犬吠，坐客无不悄然！舍前有两株梨树，等到月升中天，清光从树间筛洒而下，地上阴影斑斓，此时尤为幽绝。直到兴阑人散，归房就寝，月光仍然逼进窗来，助我凄凉。细雨濛濛之际，“雅舍”亦复有趣。推窗展望，俨然米氏章法，若云若雾，一片弥漫。但若大雨滂沱，我就又惶悚不安了，屋顶湿印到处都有，起初如碗大，俄而扩大如盆，继则滴水乃不绝，终乃屋顶灰泥突然崩裂，如奇葩初绽，砉然一声而泥水下注，此刻满室狼藉，抢救无及。此种经验，已数见不鲜。

“雅舍”之陈设，只当得简朴二字，但洒扫拂拭，不使有纤尘。我非显要，故名公巨卿之照片不得入我室；我非牙医，故无博士文凭张挂壁间；我不业理发，故丝织西湖十景以及电影明星之照片亦均不能张我四壁。我有一几一椅一榻，酣睡写读，均已有着，我亦不复他求。但是陈设虽简，我却喜欢翻新布置。西人常常讥笑妇人喜欢变更桌椅位置，以为这是妇人天性喜变之一证。诬否且不论，我是喜欢改变的。中国旧式家庭，陈设千篇一律，正厅上是一条案，前面一张八仙桌，一边一把靠椅，两旁是两把靠椅夹一只茶几。我以为陈设宜求疏落参差之致，最忌排偶。“雅舍”所有，毫无新奇，但一物一事之安排布置俱不从俗。人入我室，即知此是我室。笠翁闲情偶寄之所论，正合我意。

“雅舍”非我所有，我仅是房客之一。但思“天地者万物之逆旅”，人生本来如寄，我住“雅舍”一日，“雅舍”即一日为我所有。即使此一日亦不能算是我有，至少此一日“雅舍”所能给予之苦辣酸甜，我实躬受亲尝。刘克庄词：“客里似家家似寄”。我此时此刻卜居“雅舍”，“雅舍”即似我家。其实似家似寄，我亦分辨不清。

长日无俚，写作自遣，随想随写，不拘篇章，冠以“雅舍小品”四字，以示写作所在，且志因缘。

赏读

梁实秋先生的《雅舍小品》是享誉海峡两岸的名篇，《雅舍》是这本小品集的代序言，1940 年作于重庆。抗战期间，国民政府迁往重庆。1939 年 5 月，梁实秋随教育部中小学教科书编委会迁至重庆北碚，秋天，他与吴景超夫妇在北碚主湾购置平房一栋，遂命名为“雅舍”。此屋结构系砖柱木架，瓦顶篾壁，有房 6 间，高低两蹬，梁实秋住一室一厅。他入住以后，来做客的文人很多。梁实秋在雅舍蛰居 7 年（1939—1946），其间翻译、创作了大量作品，《雅舍小品》就是在这里写就的。《雅舍小品》为其成名之作，名噪于世，久传不衰。凡是有华人的地方，就有《雅舍小品》流传。因此，“雅舍”之名也不胫而走，随《雅舍小品》名噪于世。

“雅舍”名“雅”实“陋”，所以作者要给雅舍加引号以示嘲讽，从仅有四根砖柱，竹篦墙替代砖墙，墙上敷了泥灰，看起来“瘦骨嶙嶙”“单薄得可怜”，这就是作者的“雅舍”，只求能避风雨，实则风雨难避；又地处荒凉僻远，前临稻田，后倚土坡，屋外屋内皆有陡坡，来客无不惊叹，他却安之若素；每被邻人的烟火声息搅扰清静，入夜则有老鼠瞰灯，烛台帐顶无所不至，磨牙滚爬不得消停，他也只能“没有法子”，在戏谑自嘲之余还不忘幽洋人一默；更让人忍俊不禁的是写蚊子的骚扰，“聚蚊成雷”原本和“三人成虎”一样是比喻“众口铄金”的意思，作者却用了它的本义，反而形象无比，生动有趣。那又黑又大的蚊子，像是“有硬骨头的”，因为太多，“磕头碰脑”的全是！来客稍不留意则满腿的“玉蜀黍”，梁先生却“仍安之”。雅舍因为地势高，赏月绝佳。清辉遍撒，犬吠杳然，树影斑斓，满座惊艳。兴尽归寝，月光逼进窗来，心下顿生凄凉，酸甜苦辣五味杂陈，“似家似寄，我亦分辨不清”。

作者置身不蔽风雨、陈设简陋的“雅舍”却无半点颓靡，“是真名士自风流”！梁实秋在雅舍居住时表现的高雅志趣、所从事的学术和文学上的清雅事业，以及出入于“雅舍”的一批风流儒雅的文人、学者，纵使“雅舍”在物质形态上何其简陋、破旧、荒凉、坎坷，又何在话下？“雅舍”、雅士、雅趣、雅量，在大力建设社会主义精神文明的现代，更应大力提倡。

该文语言上的特色十分鲜明，处处都显现出作者自然随缘的生活态度和智慧。概括起来，《雅舍》在语言上有两大特点：其一，雅俗共存，流露真情。文章中既有精致、文雅的书面语，又不乏散发生活气息的口语，语言精练，使读者如临其境，如闻其声。其二，诙谐幽默、趣味横生。对于寒舍中老鼠时不时来袭和蚊子的猖獗，作者却运用诙谐的语言轻描淡写：“比鼠子更骚扰的是蚊子。‘雅舍’的蚊风之盛，是我前所未见的。‘聚蚊成雷’真有其事！每当黄昏时候，满屋里磕头碰脑的全是蚊子，又黑又大，骨骼都像是硬的……”处境的不堪，却没有唉声叹气，反而运用感性的语言，在诙谐幽默中流露出随遇而安的生活态度和自得其乐的生活情趣。

作品

多年父子成兄弟[①]

汪曾祺

这是我父亲的一句名言。

父亲是个绝顶聪明的人。他是画家，会刻图章，画写意花卉。图章初宗浙派，中年后治汉印。他会摆弄各种乐器，弹琵琶，拉胡琴，笙箫管笛，无一不通。他认为乐器中最难的其实是胡琴，看起来简单，只有两根弦，但是变化很多，两手都要有功夫。他拉的是老派胡琴，弓子硬，松香滴得很厚——现在拉胡琴的松香都只滴了薄薄的一层，他的胡琴音色刚亮。胡琴码子都是他自己刻的，他认为买来的不中使。他养蟋蟀养金铃子，他养过花，他养的一盆素心兰在我母亲病故那年死了，从此他就不再养花。我母亲死后，他亲手给她做了几箱子冥衣——我们那里有烧冥衣的风俗。按照母亲生前的喜好，选购了各种花素色纸做衣料，单夹皮棉，四时不缺。他做的皮衣能分得出小麦穗、羊羔、灰鼠、狐肷。

父亲是个很随和的人，我很少见他发过脾气，对待子女，

① 选自《汪曾祺全集五》（北京师范大学出版社 1998 年版）。汪曾祺（1920—1997），江苏高邮人，著有《受戒》《沙家浜》《大淖记事》等。

从无疾言厉色。他爱孩子，喜欢孩子，爱跟孩子玩，带着孩子玩。我的姑妈称他为“孩子头”。春天，不到清明，他领一群孩子到麦田里放风筝。放的是他自己糊的蜈蚣（我们那里叫“百脚”），是用染了色的绢糊的。放风筝的线是胡琴的老弦。老弦结实而轻，这样风筝可笔直地飞上去，没有“肚儿”。用胡琴弦放风筝，我还未见过第二人。清明节前，小麦还没有“起身”，是不怕践踏的，而且越踏会越长得旺。孩子们在屋里闷了一冬天，在春天的田野里奔跑跳跃，身心都极其畅快。他用钻石刀把玻璃裁成不同形状的小块，再一块一块斗拢，接缝处用胶水粘牢，做成小桥、小亭子、八角玲珑水晶球。桥、亭、球是中空的，里面养了金铃子。从外面可以看到金铃子在里面自在爬行，振翅鸣叫。他会做各种灯。用浅绿透明的“鱼鳞纸”扎了一只纺织娘，栩栩如生。用西洋红染了色，上深下浅，通草做花瓣，做了一个重瓣荷花灯，真是美极了。用小西瓜（这是拉秧的小瓜，因其小，不中吃，叫做“打瓜”或“笃瓜”）上开小口挖净瓜瓤，在瓜皮上雕镂出极细的花纹，做成西瓜灯。我们在这些灯里点了蜡烛，穿街过巷，邻居的孩子都跟过来看，非常羡慕。

父亲对我的学业是关心的，但不强求。我小时候，国文成绩一直是全班第一。我的作文，时得佳评，他就拿出去到处给人看。我的数学不好，他也不责怪，只要能及格，就行了。他画画，我小时也喜欢画画，但他从不指点我。他画画时，我在旁边看，其余时间由我自己乱翻画谱，瞎抹。我对写意花卉那时还不太会欣赏，只是画一些鲜艳的大桃子，或者我从来没有见过的瀑布。我小时字写得不错，他倒是给我出过一点主意。在我写过一阵“圭峰碑”和“多宝塔”以后，他建议我写写“张猛龙”。这建议是很好的，到现在我写的字还有“张猛龙”的影响。我初中时爱唱戏，唱青衣，我的嗓子很好，高亮甜润。在家里，他拉胡琴，我唱。我的同学有几个能唱戏的，学校开园乐会，他应我的邀请，到学校去伴奏。几个同学都只是清唱，有一个姓费的同学借到一顶纱帽，一件蓝官衣，扮起来唱“朱砂井”，但是没有配角，没有衙役，没有犯人，只是一个赵廉，摇着马鞭在台上走了两圈，唱了一段“郡坞县在马上心神不定”便完事下场。父亲那么大的人陪着几个孩子玩了一下午，还挺高兴。我十七岁初恋，暑假里，在家写情书，他在一旁瞎出主意。我十几岁就学会了抽烟喝酒。他喝酒，给我也倒一杯。抽烟，一次抽出两根他一根我一根。他还总是先给我点上火。我们的这种关系，他人或以为怪。父亲说：“我们是多年父子成兄弟。”

我和儿子的关系也是不错的。我戴了“右派分子”的帽子下放张家口农村劳动，他那时还从幼儿园刚毕业，刚刚学会汉语拼音，用汉语拼音给我写了第一封信。我也只好赶紧学会汉语拼音，好给他写回信。“文化大革命”期间，我被打成“黑帮”，送进“牛棚”。偶尔回家，孩子们对我还是很亲热。我的老伴告诫他们“你们要和爸爸‘划清界限’”，儿子反问母亲：“那你怎么还给他打酒？”只有一件事，两代之间，曾有分歧。他下放山西忻县“插队落户”，按规定，春节可以回京探亲。我们等着他回来。不料他同时带回了一个同学。他这个同学的父亲是一位正受林彪迫害，搞得人囚家破的空军将领。这个同学在北京已经没有家，按照大队的规定是不能回北京的，但是孩子很想回北京，在一伙同学的秘密帮助下，我的儿子就偷偷地把他带回来了。他连“临时户口”也不能上，是个“黑人”，我们留他在家住，等于“窝藏”了他。公安局随时可以来查户口，街道办事处的大妈也可能举报。当时人人自危，自顾不暇，儿子惹了这么一个麻烦，使我们非常为难。我和老伴把他叫到我们的卧室，对他的冒失行为表示不满，我责备他：“怎么事前也不和我们商量一下！”我的儿子哭了，哭得很委屈，很伤心。我们当时立刻明白了：他是对的，我们是错的。我们这种怕担干系的思想是庸俗的。我们对儿子和同学之间的义气缺乏理解，对他的感情不够尊重。他的同学在我们家一直住了四十多天，才离去。

对儿子的几次恋爱，我采取的态度是“闻而不问”。了解，但不干涉。我们相信他自己的选择，他的决定。最后，他悄悄和一个小学时期女同学好上了，结了婚。有了一个女儿，已近七岁。

我的孩子有时叫我“爸”，有时叫我“老头子”！连我的孙女也跟着叫。我的亲家母说这孩子“没大没小”。我觉得一个现代化的、充满人情味的家庭，首先必须做到“没大没小”。父母叫人敬畏，儿女“笔管条直”最没有意思。

儿女是属于他们自己的。他们的现在，和他们的未来，都应由他们自己来设计。一个想用自己理想的模式塑造自己的孩子的父亲是愚蠢的，而且，可恶！另外作为一个父亲，应该尽量保持一点童心。

赏读

有人说，看汪曾祺先生的小说如散文，读他的散文如小说，因为太真实太自然太有代入感。在现代文坛上，能同时在小说和散文两块田地里经营，且自成一家的人并不多，汪曾祺是其中一个。他不仅能写一众优秀的小说，更能写一手漂亮的散文。

《多年父子成兄弟》是汪老著名的一篇散文，写得家常、温馨、随性、老道，但却言近旨远，令人唇齿留香、回味隽永。作者的父亲是一个多才多艺、情感丰富的人。他会刻图章、画写意花卉，会摆弄各种乐器，会养花、养蟋蟀，还为亡妻做各式的冥衣……心灵手巧不一而足。儿子对于父亲的爱，溢于言表，用点点滴滴的生活场景一一回应了开篇之语“多年父子成兄弟”所设的悬念。父亲的好脾性，使得家里充满温情，其乐融融；父子的沟通几无任何障碍，令人惊诧的同时艳羡不已，父亲在他青春期无论从学业、吸烟还是恋爱等方面，都显示出了一个家庭长者所应有的慈爱、随和与宽容。文章写了三代人两代父子关系，有着鲜明的代际传承，看得出父亲对作者育子态度的终身影响。作者是一个父亲的儿子，同时也是儿子的父亲，两个身份、三代人两个家庭有机地结合在了一起，为现代社会提供了一个建立平等、民主、和谐家庭关系的绝好范本。

作者在文末写道：“儿女是属于他们自己的。他们的现在，和他们的未来，都应由他们自己来设计。一个想用自己理想的模式塑造自己的孩子的父亲是愚蠢的，而且，可恶！另外作为一个父亲，应该尽量保持一点童心。”这虽然是作者简单的几句总结，几句从自己三代人生活出发的议论，但是非常深刻、丰富，发人深省，并不是每一个家庭都能做到，即使在作者写了这篇文章几十年后的今天，又有多少父子能成为兄弟？所以，这篇散文实际上涉及中国社会与文化的一个大问题，即人伦与家庭应该如何经营才健康。看得出来，汪曾祺的父亲是比较开明的，中国的传统文化非常讲究家庭秩序，家庭结构就是社会结构的缩影。在“五四”新文学作品中，反抗父权、反抗家庭、争取自由成为一个重要的主题，鲁迅的《狂人日记》、巴金的《家》都是这方面的代表作，聂绀弩在《论莲花化身》里也对传统的孝道进行了猛烈的批判：“因之在新旧思想交替的时会，常有顽固的父母，滥用家庭的权威，为旧思想保镖，阻碍儿女进步，甚至迫害儿女。”① 受“五四”思想启蒙，在这样的氛围里成长起来的汪曾祺，自然认同父亲的做法，并自觉继承“五四”那一代思想家们的家庭观、父子观。

虽说如今的家庭模式发生了很大的变化，几世同堂的大家庭已经很少，长辈的威力在不断弱化，但是按照长辈的理想来塑造孩子还是大多数家庭的培养模式。20 世纪 80 年代开始实施的独生子女政策，又使家庭关系出现了另一极端，衍生出许多新的问题，这是“五四”思想家们始料未及的，中国现代的家庭关系中，“现代化”“人性化”并未形成共识，“父子成兄弟”依然还只是一种愿景。

下面谈谈汪老这篇散文写人叙事的风格。

其一，细处着墨、小中见大，人物刻画非常成功。汪老以小说名世，所以他称自己的散文是“小说家的散文”。有人问他小说家的散文有什么特点？他回答说：“我看没什么特点。一定要说，就是要有人物。小说是写人的，小说家在写散文的时候也总是想到人。”本文就是一篇非常成功的写人散文，作者用最精练节制的笔墨，还原最原始的生活细节，刻画出趣味高雅、通脱平和、不摆架子、童心未泯的慈父形象。例如文中写父亲为病逝的妻子制作冥衣，做得十分精巧，可以分得出小麦穗、羊羔、灰鼠、狐肷，品种繁多，四季皆有。这一部分很好地表现了父亲对妻子那种经历了时间洗涤沉淀下来的最为质朴也最为动人的情感。他完全按着妻子生前的喜好来制作冥衣，不难看出他对妻子的宠爱、娇惯，那里面凝聚着他对妻子的深沉的爱恋、无尽的思念、细心的呵护和至真的疼惜。他希望妻子在另一个世界里，也仍然温暖、幸福和如意。很好地表现了父亲至爱不渝、情深似海的人物形象。

其二，语言平和冲淡、朴实醇厚。散文最忌千人一面，毫无个性的散文是没有生命力的。汪老的语言看似家常随性，但并不是不加修饰的日常口语，而是简约、流畅、素淡、美雅、平和的话语，背后却透着劲道，透着奇崛，是“绚烂至极归于平淡”的大自在、大境界。

---

① 聂绀弩. 论莲花化身［M］//钱理群. 父父子子. 上海：复旦大学出版社，2005.

作品

故乡的榕树[1]

黄河浪

住所左近的土坡上，有两棵苍老蓊郁的榕树，以广阔的绿荫遮蔽着地面。在铅灰色的水泥楼房之间，摇曳赏心悦目的青翠；在赤日炎炎的夏天，注一潭诱人的清凉。不知什么时候，榕树底下辟出一块小平地，建了儿童玩的滑梯和亭子，周围又种了蒲葵和许多花朵，居然成了一个小小的儿童世界。也许是对榕树有一份亲切的感情罢，我常在清晨或黄昏带小儿子到这里散步，或是坐在绿色的长椅上看孩子们嬉戏，自有种悠然自得的味道。

那天特别高兴，动了未泯的童心，我从榕树枝上摘下一片绿叶，卷制成一支小小的哨笛，放在口边，吹出单调而淳朴的哨音。小儿子欢跳着抢过去，使劲吹着，引得谁家的一只小黑狗循声跑来，摇动毛茸茸的尾巴，抬起乌溜溜的眼睛望他。他把哨音停下，小狗失望地跑开去；他再吹响，小狗又跑拢来……逗得小儿子嘻嘻笑，粉白的脸颊上泛起淡淡的红晕。

---

① 选自《遥远的爱》（中国文联出版公司 1994 年版）。黄河浪，生于 1941 年，福建长乐人，著有《悲土》《荒流》《荒缘》等。

而我的心却像一只小鸟，从哨音里展翅飞出去，飞过迷濛的烟水、苍茫的群山，停落在故乡熟悉的大榕树上。我仿佛又看到那高大魁梧的躯干，卷曲飘拂的长须和浓得化不开的团团绿云；看到春天新长的嫩叶，迎着金黄的阳光，透明如片片碧玉，在袅袅的风中晃动如耳坠，摇落一串串晶莹的露珠。

我怀念从故乡的后山流下来、流过榕树旁的清澈的小溪，溪水中彩色的鹅卵石，到溪畔洗衣和汲水的少女，在水面嘎嘎嘎地追逐欢笑的鸭子；我怀念榕树下洁白的石桥，桥头兀立的刻字的石碑。桥栏杆上被人抚摸光滑了的小石狮子。那汩汩的溪水流走了我童年的岁月，那古老的石桥镌刻着我深深的记忆，记忆里的故事有榕树的叶子一样多……

站在桥头的两棵老榕树，一棵直立，枝叶茂盛；另一棵却长成奇异的S形，苍虬多筋的树干斜伸向溪中，我们称它为“驼背”。更特别的是它弯曲的这一段树心被烧空了，形成丈多长平放的凹槽，而它仍然顽强地活着，横过溪面，昂起头来，把浓密的枝叶伸向蓝天。小时候我们对这棵驼背榕树分外有感情，把它中空的那段凹槽当作一条“船”。几个伙伴爬上去，敲起小锣鼓，以竹竿当桨七上八落地划起来，明知这条“船”不会前进一步，还是认真地、起劲地划着。在儿时的梦里，它会顺着溪流把我们带到秧苗青青的田野上，绕过燃烧着火红杜鹃的山坡，穿过飘着芬芳的小白花的橘树林，到大江大海里去，到很远很美丽的地方去……

有时我们会问：这棵驼背的老榕树为什么会被烧成这样呢？听老人说，很久很久以前，有一条大蛇藏在这树洞中，日久成精，想要升天；却因伤害人畜，犯了天条，触怒了玉皇大帝。于是有天夜里，乌云紧压着树梢，狂风摇撼着树枝，一个强烈的闪电像利剑般劈开树干，头上响起惊天动地的炸雷！榕树着火烧起来了，烧空了一段树干，烧死了那头蛇精，接着一阵瓢泼大雨把火浇熄了……这故事是村里最老的老人说的，他像老榕树一样垂着长长的胡子。我们相信他的年纪和榕树一样苍老，所以我们也相信他说的话。

不知在什么日子，我们还看到一些女人到这榕树头虔诚地烧一叠纸钱，点几炷香，她们怀着怎样的心愿来祈求这榕树之神呢？我只记得有的小孩面上长了皮癣，母亲就会把他带到这里，在榕树干上砍几刀，用渗流出来的乳白的液汁涂在患处，过些日子，那癣似乎也就慢慢地好了。而我最难忘的是，每当过年的时候，老祖母会叫我顺着那“驼背”爬到树上，折几枝四季长青的榕树枝，用来插在饭甑炊熟的米饭四周，祭祀祖先的神灵。那时候，慈爱的老祖母往往会蹑着缠得很小的“三寸金莲”，笃笃笃地走到石桥上，一边看着我爬树，一边唠唠叨叨地嘱咐我小心。而我虽然心里有点战战兢兢的，却总是装出毫不在乎的样子，把折到的树枝得意地朝着她挥舞。

使人留恋的还有铺在榕树头四周的长长的石板条，夏日里，那是农人们的“宝座”和“凉床”。每当中午，亚热带强烈的阳光令屋内如焚、土地冒烟，唯有这两棵高大的榕树撑开遮天巨伞，抗拒迫人的酷热，洒落一地荫凉，让晒得黝黑的农人们踏着发烫的石板路到这里透一口气。傍晚，人们在一天辛劳后，躺在用溪水冲洗过的石板上，享受习习的晚风，漫无边际地讲“三国”、说“水浒”，从远近奇闻谈到农作物的长势和收成……高兴时，还有人拉起胡琴，用粗犷的喉咙唱几段充满原野风味的小曲，在苦涩的日子里寻一点短暂的安慰和满足。

苍苍的榕树啊，用怎样的魔力把全村的人召集到膝下？不是动听的言语，也不是诱惑的微笑，只是默默地张开温柔的翅膀，在风雨中为他们遮挡，在炎热中给他们荫凉，以无限的爱心庇护着劳苦而纯朴的人们。

我深深怀念在榕树下度过的愉快的夏夜。有人卷一条被单，睡在光滑的石板上；有人搬几块床板，一头搁着长凳，一头就搁在桥栏杆上，铺一张草席躺下。我喜欢跟大人们一起挤在那里睡，仰望头上黑黝黝的榕树的影子，在神秘而恬静的气氛中，用心灵与天上微笑的星星交流。要是有月亮的夜晚，如水的月华给山野披上一层透明的轻纱，将一切都变得不很真实，似梦境，似仙境。在睡意蒙眬中，有嫦娥驾一片白云悄悄飞过，有桂花的清香自榕树枝头轻轻洒下来。而桥下的流水静静地唱着甜蜜的摇篮曲，催人在夜风温馨的抚摸中慢慢沉入梦乡……有时早上醒来，清露润湿了头发，感到凉飕飕的寒意，才发觉枕头不见了，探头往桥下一看，原来是掉到溪里，吸饱了水，胀鼓鼓的，搁浅在乱石滩上……

那样的日子不会回来了。我仿佛刚刚从一场梦中醒转，身上还留有榕树叶隙漏下的清凉；但我确实知道，这一觉已睡过了三十年，而人也已离乡千里万里外了！故乡桥头苍老的榕树啊，也经历了多少风霜？听说那棵“驼背”，在一次台风猛烈的袭击中，挣扎着倒下去了，倒在山洪暴发的溪水里，倒在故乡亲爱的土地上，走向了自己生命的历程。幸好另一棵安然无恙，仍以它浓郁的绿叶荫庇着乡人。而当年把驼背的树干当船划的小伙伴们，都已长成。有的像我一样，把生命的船划到遥远的异乡，却仍然怀念着故土的榕树么？有的还坐在树头的石板上，讲着那世世代代讲不完的传说么？但那像榕树一样垂着长长胡子的讲故事的老人已经去世了；过年时常叫我攀折榕树枝叶的老祖母也已离开人间许久了；只有桥栏杆上的小石狮子，还在听桥下的溪水滔滔流淌罢？

“爸爸，爸爸，再给我做几个哨笛。”不知什么时候，小儿子也摘了一把榕树叶子，递到我面前，于是我又一叶一叶卷起来给他吹。那忽高忽低、时远时近的哨音，弥漫成一片浓浓的乡愁，笼罩在我的周围。故乡的亲切的榕树啊，我是在你绿荫的怀抱中长大的，如果你有知觉，会知道我在这遥远的异乡怀念着你么？如果你有思想，你会像慈母一样，思念我这漂泊天涯的游子么？

故乡的榕树啊……

1979 年

赏读

《故乡的榕树》是作者黄河浪先生通过回忆故乡榕树下的童年生活而抒发思乡之情的散文，为文者都知刘勰有“情动于衷，始能为文”的文学理论，但仅有真情还远未够，能引起读者共鸣的，除了“心中之块垒”令很多人感同身受之外，必得凭借高超的抒情手法、精致工巧的谋篇布局来提升情感的美学价值。

文章开篇写“住所左近的土坡上，有两棵苍老蓊郁的榕树，以广阔的绿荫遮蔽着地面”，作者由眼前的榕树想到故乡的榕树，由眼前景引出故乡情。榕树是思乡怀旧的联系物，又是绘景叙事的线索。通过对眼前榕树的描写，可以直接联系故乡的榕树，从而迅速进入回忆，这也是可取的。但作者没有这样做，而是接着描写榕树周围的景物，滑梯、亭子、蒲葵和花朵，“居然成了小小的儿童世界”。于是“我常在清晨或黄昏带着小儿子到这里散步”，享受“悠然自得的味道”。首段的后半段宕开笔墨，从榕树写开去，如果不看标题是料不到要写乡思的。第二段写“我”有一天动了未泯的童心，摘下一片榕树叶“制成一支小小的哨笛”，放在口边吹，“小儿子欢跳着抢过去，使劲吹着”，并引来一只小黑狗。这一段也没有明写乡思，而是继续铺垫，并且完成了铺垫。具体的布局流程如下：眼前的两棵榕树—树下的儿童乐园—哨笛引来小狗，作者选笛音为切入点，开始了回忆：“而我的心却像一只小鸟，从哨音里展翅飞出去”，把读者缓缓带入“我”的故乡，溶进榕树下美好的生活。奇思泉涌，妙绪纷披，向我们展示了故乡的风物土地。作品所呈现的幽婉清丽的艺术境界，与所要抒发的对家乡的思恋之情极其和谐地照应，也把读者引入那不绝如缕的思绪之中。

回忆故乡的部分是文章的主体，内容较散，但读起来并不觉杂乱，作者特别注意过渡句、过渡段的安排，进行巧妙的缝合：作者用“而我的心却像一只小鸟……”一句过渡到对故乡的怀念；用“我怀念从故乡的后山流下来，流过榕树旁的清澈的小溪……”一句作为过渡句，写故乡榕树四周的景色，如小溪、鹅卵石、洗衣和汲水的少女、鸭子、石桥、石碑、栏杆上的小石狮子……这些闽东农村特有的风光，为刻画榕树涂抹了一层底色；用“站在桥头的两棵老榕树……”一句过渡到对榕树具体细腻的刻画，特别是详细描绘了与那棵被称为“驼背”的老榕树及有关的传说；接着，文章又写了有关榕树的人和事，如母亲用榕树汁为“我”治癣，“我”奉祖母之命上树折枝，农人在树下纳凉，自己儿时在树下过夜。在叙事的基础上，作者感物抒怀，抒发了对故乡榕树和故乡亲人的眷念之情。全部以榕树为线索“物—事—情”的次序组织起来，状物、记事、抒情都紧紧围绕着故乡的榕树，不枝不蔓。由于作者工于缝合，使材料紧密勾连，文思承接贯通，情感流泻无阻，取得了极好的表达效果。

结尾处处呼应前文，这里有的是对前文的交代，如关于两棵老榕树的交代：“听说那棵‘驼背’在一次台风猛烈的袭击中挣扎着倒下去了……”“幸好另一棵安然无恙，仍以它浓郁的绿叶荫庇着乡人”。有的是对人的交代：如对讲故事老人的交代——“那像榕树一样垂着长长胡子的讲故事老人已经去世了”。对老祖母的交代——“过年时常叱我攀折榕树枝叶的老祖母也已离人间许久了”。有的是对现状的推想：“当年把驼背的树干当船划的小伙伴们，都已长成。有的像我一样，把生命的船划到遥远的异乡，却仍然怀念着故土的榕树么？有的还坐在树头的石板上，讲着那世世代代讲不完的传说么？”这种呼应不仅使文章结构完善，也使抒情更深沉、更浓郁，有催人泪下的效果。

作品

听雨·看月·弄水[1]

胡晓鸣

西方人长于虚幻的听觉，中国人长于自然的听觉。听交响乐或奏鸣曲或室内乐，如看悲剧，如听雄辩会，如入现代豪华宾馆；听中国丝竹筝磬乐，如临清泉，如卧青草地看云起，如入细雨微闲之中。所以中国人最能从蟋蟀叫、青蛙鸣、树叶的低语和檐雨的滴答声中听出无尽的意思来。西人这方面能力似稍逊一筹。因而，为什么汉语中有关“雨”的词丰富得不得了，而英语中仅有“rain”“storm”等几个词，就不奇怪了。

我实在忘不了李义山那首绝佳的听雨诗。“竹坞无尘水槛清，相思迢递隔重城。秋阴不散霜飞晚，留得残荷听雨声。”很少人能真实地拥有那一片竹坞水槛，但很多人心里可以占有那一片清纯；很少人会真的养有荷藕，但很多人会在心底里长留一片“残荷”。然而，愿意任雨水洒向枯荷，又从那声音中品味入痴，却未必会有很多人的。因为如李义山那样的自虐者，非千世不遇之大情种不能办。

我颇疑心中国人听雨能力的发展，很大程度上就是把痛苦

① 选自《青春读书课·白话的中国·第二册》（海天出版社 2012 年版）。

化掉（诗化掉）的过程。最早的听雨诗只是“空阶听雨”，先说出来的是南朝人何逊：“夜雨滴空阶，绕灯暗离室”，那声音未免太冰冷了些。以至后来“何水部”径直成了“吟苦怨空阶”的代名词。到了唐代人的诗化生活里，于是有了“梧桐听雨”、“槐叶听雨”、“漏间听雨”等听法，细腻多了。“雨滴梧桐秋夜长，愁心和雨到昭阳”（刘媛《长门怨》）；“秋雨梧桐叶落时”，“夜雨闻铃肠断声”（白居易《长恨歌》），这愁心断肠，终于有雨来同情，如有友人听我诉苦。“岭色千重万重雨，断弦收与泪痕深”（王昌龄《听流人唱水调子》），当雨声音乐化，或音乐雨声化了时，诗人的痛苦也就诗化了。还问泪痕深几许？“暮雨萧萧过凤城，霏霏飒飒重还轻。闯君此夜东林宿，听得池荷几番声？”（李端：《听夜雨寄卢纶》）当你我相互想着时，友情那温润，即如雨丝润入心田，何等温馨。我读宋词，简直进入了一个雨世界。没有一个词人与雨无缘。宋人喜写雨打团荷：“看尽满池疏雨，打团荷”；“秋雨连绵，声散败荷丛里，那堪深夜枕前听，酒初醒”。喜写芭蕉叶听雨：“窗外芭蕉窗里人，分明叶上心头滴”；还有竹风听雨：“何处笛，深夜梦回情脉脉，竹风檐雨寒窗滴”；雨中听笛：“闲梦江南梅熟日，夜船吹笛雨潇潇，人语驿桥边”等等，多层自然音响叠合的世界。读久了，竟有清凉感、湿润感。但愿能带着这雨的憧憬，去寻得一个雨搧搧的梦。

苦夏难眠。或傍晚时分，携幼女于大街广庭看星看月，或夜静翻身下床，点香烟一支，任火光明灭，看月轮浮沉，何等情调。于是读诗词也对月多有留意。

老杜诗“四更山吐月，残夜水明楼”，东坡称为“绝唱”。真可以说是前不见古人，后不见来者，中国绝无而仅有的一个诗品。我喜欢它不仅仅因为这句子出奇的净洁、硬朗，而且因它能表现着诗人的整个精神。因而换成孟浩然、王维、李白、李商隐，都不行，它只属于老杜。须知安史乱后，大唐社会是何等黑暗，于是在那样一个漆黑如墨的夜晚，那样一个忧国忧民心力交瘁的诗人，如何饱尝着难眠的痛苦。突然黑洞洞的山嘴里一下吐出一颗盈盈明月，月光即随波光融融泄泄，空明一片。夜，在空明一片中隐隐残褪，而诗人的心境，于是也由阴暗、晦闷而转向空明、澄净——大自然的生机，竟给予诗人一种生命情感的复苏、滋养！多奇妙的心物感应！我就喜欢这种心物感应的刹那，一下子敞亮了存在的意义，一下子开放了精神生活的境界，一下子提升了、滋养了最为珍贵的生命向力。这种生命向力和存在的敞亮，当然只属于老杜那种人。

中国诗人的看月，更比听雨细腻、丰富。夜深点点滴滴的雨声，在中国诗中总是感应着各种心态中点点滴滴的泪水，而明月则如一面明镜，映照出中国诗文化的各种性格、情调，因为“举杯邀明月，对影成三人”，所以我爱喝酒，尤其爱独饮。因为“峨嵋山月半轮秋”，我常憧憬着峨嵋山和三峡。因为“高高秋月下长城”，我常向往着北国边塞的雄浑。因为“罗帏舒卷，似有人开，明月直入，无心可猜”，我常想象着无须防范、心心相印的人间情谊。“明月落谁家”的怅然，“山月随人归”的自足，“玲珑望秋月”的少妇眼神，“垆边人似月”的游子情怀，以及“沧海月明珠有泪”、“碧海青天夜夜心”的那一份亘古至今的孤独，以及“江畔何人初见月，江月何年初照人?”那一种“我是谁，我从哪里来，到哪里去”的天真而又深沉的发问，诸般况味，诸种经验，宇宙、人生、历史，皆被那一轮碧天明月一眼看穿了。

忽然想起四岁的小女儿也会背“床前明月光”。诗人心灵当时的颤动，竟通过如水盈盈的月光，荡漾在一代代后人的心头。我因此而再一次认定，中国诗不仅仅是文学，而且是文化，是生生不息新新不已的人的存在方式、感觉方式。就像明月，终古常见而光景常新。

夏天里大人们也冲动着要玩水。西方式的最佳玩水之处，在海边；中国最好的地方却在河边，没有冲浪、比基尼和大白鲨，却有荷叶、鱼戏，棹歌，木兰舟，抛莲子。也许水使人重新获得最为本根的生命种族记忆，也许是作为与大自然肌肤相亲的最佳方式，玩水的冲动中很早就含有“性”的因素。《诗经》里就有男女在涣涣之水畔“伊其相谑”的风俗，有女子挑逗情郎“褰裳涉溱”的游戏，有情人相送于淇水之上的欢歌，有“所谓伊人，在水一方”的那一份怅惘不甘。《诗经》里的鱼也表现着生殖，性苦闷。于是后来夏天的民歌“鱼戏莲叶东，鱼戏莲叶西”也隐然含有那种挑逗和游戏因素。但是最为突出的一点是中国特有的性冲动性苦闷拥有的那一种“烟水迷离”的味道。因而水与性爱在中国文学中就有了不解之缘。兼葭苍苍，湘水潇潇，巫山云梦，江南烟雨楼台，多少销魂事，一任水云空。那些南方荷花池塘鳜鱼溪河里的嬉戏，也一样的烟水迷离。“月暗送湖风，相寻路不通。菱歌唱不彻，知在此塘中。”（崔国辅《小长干曲》）“荷叶罗裙一色裁，芙蓉向脸两边开，乱入池中看不见，闻歌始觉有人来。”（王昌龄《采莲曲》

之二）看不见，路不通，正是中国式水中游戏的特点。“日暮长江里，相邀归渡头。落花如有意，来去逐轻舟。”（储光羲《江南曲》之三）明明是人的有意和缠绵，偏偏写成水中落花的有意与缠绵，于是对人的调情就转换成了对水的抚弄。南唐李珣专写过玩水的一组《南乡子》，那里面的水就有一种深曲和迷离。“沙月静，水烟轻，芰荷香里夜船行。绿发红脸谁家女，遥相顾，缓唱棹歌极浦去。”歌远人远，于是有“回塘深处遥相见”（第二首），“暗里回眸深属意”（第十首），“玉纤遥指花深处”（第十四首），好幽美的去处！“烟深锁，豆蔻花垂千万朵”（第三首），幽美迷蒙之中饶有生机性欲的跃动，因而我极赏爱皇甫松的两首《采莲子》：“船动湖光滟滟秋，贪看少年信船流。无端隔水抛莲子，遥被人知半日差。”（第一首）“菡萏香连十顷波，小姑贪戏采莲迟。晚来弄水船头湿，更脱红裙裹鸭儿。”（第二首）那样的真率、活泼、自由、欢快，又是那样的含羞、温柔、乐而不淫、谑而不虐。生命热力转换成那个跃动在红裙里的鸭儿，那个鲜气扑人的抛莲子。于是我更加瞧不起阳光海岸的一览无余而更加想象着南方河塘的烟水迷离。是因为喜欢南方的彩舫莲塘而喜欢这些诗呢，还是因为喜欢这些诗而更爱南方的棹歌游女，在我也一样的“迷离”了。

赏读

诚如作者所言：“中国人长于自然的听觉。”中国几千年的传统文化植根于“生于斯、长于斯”的黄土地，大自然的山川鸟兽、花草虫鱼成为人们吟唱寄托的对象，给予人们创作的灵感。自古以来，人与大自然就构成了一种“一荣俱荣、一损俱损”的命运共同体的关系。随着现代文明的发展，对生活在“水泥森林”或“人造世界”里的人们来说，真的要重新学会如何去“听雨、看月、弄水”了。这亦是作者在本文中要着力表达的情绪和情感。

本文是一篇抒情散文，我们可以从三个维度去赏析。第一个维度是时空关系的描写。作者采用“意象叠加”的手法，文中较少有时空连续性的描写，而是紧扣“听、看、弄”这一话题，文笔纵横捭阖，上下跨越千百年，通过多方向、放射状的自由联想，以快速跳动的节奏，以广阔浩瀚的中国古典诗词为底色，描绘了一幅幅古人“听雨、看月、弄水”图景，为读者展现了古人与自然和谐共生的生活情趣。

第二个维度是“表现重于再现”。在这一点上，胡晓鸣先生的《听雨·看月·弄水》与余光中先生的《听听那冷雨》有异曲同工之妙。胡晓鸣在文中偏于主观抒情，通篇不掩饰自己的感情倾向。这既是作者创作风格使然，也是当下现代人渴盼回归大自然怀抱的心声！例如文中写“看月”：“突然黑洞洞的山嘴里一下吐出一颗盈盈明月，月光即随波光融融泄泄，空明一片。夜，在空明一片中隐隐残褪，而诗人的心境，于是也由阴暗、晦闷而转向空明、澄净——大自然的生机，竟给予诗人一种生命情感的复苏、滋养！多奇妙的心物感应！我就喜欢这种心物感应的刹那，一下子敞亮了存在的意义，一下子开放了精神生活的境界，一下子提升了、滋养了最为珍贵的生命向力。”作者在字里行间感情四溢，更多的是在向读者传达自己心中的理解与感受。散文与小说不同，散文的魅力在于文中洋溢着作者独特的“真情实感”，胡晓鸣正是通过这种“个性”化的表现，向世人发出了疗救现代人们的“怀乡病”的呐喊。

第三个维度是“诗性的语言”。从诗歌到散文的连续谱系中，散文更接近诗歌一端。《听雨·看月·弄水》明显体现了诗歌的思维特点，为了表现个人的情绪，适应快速跳动的节奏和行文结构的跳跃性，作者大量运用富有质感的语言，富于变化的句式以及语气语态，给文章平添了一份学术、典雅、独特的气质，给读者留下深刻的印象。

当然，解读《听雨·看月·弄水》仅局限于这三个维度上显然是不全面的。在文中，作者深厚的学识和文字功底都值得我们关注。值得注意的是，同学们在阅读时，不要把这篇文章简单地归类于是在对中国传统文化的赞美，而要明确作者是借古人生活的情趣来表达今人的困惑。其次，文中作者灵动的思绪、变幻的意象和纷纭的语言现象，也会给大家的理解带来一定的压力。

作品

乡土中国·家族[①]

费孝通

我曾在以上两章中，从群己的关系上讨论到社会结构的格局。我也在那章里提出了若干概念，比如“差序格局”和“团体格局”。我知道这些生疏的名词会引起读者的麻烦，但是为了要表明一些在已有社会学辞汇里所没有确当名词来指称的概念，我不能不写下这些新的标记。这些标记并没有使我完全满意，而且也有容易引起误会的地方。譬如有一位朋友看过我那一章的分析之后，曾摇头说，他不能同意我说中国乡土社会里没有团体。他举出了家庭、氏族、邻里、街坊、村落，这些不是团体是什么？显然我们用同一名词指着不同的实体。我为了要把结构不同的两类“社群”分别出来，所以把团体一词加以较狭的意义，只指由团体格局中所形成的社群，用以和差序格局中所形成的社群相区别；后者称之作“社会圈子”，把社群来代替普通所谓团体。社群是一切有组织的人群。在那位朋友所列举的各种社群中，大体上都属于我所谓社会圈子的性

① 选自《乡土中国》（北京出版社 2005 年版）。费孝通（1910—2005），江苏吴江人，著有《文化论》《人文类型》《江村经济》等。

质。在这里我可以附带说明，我并不是说中国乡土社会中没有“团体”，一切社群都属于社会圈子性质，譬如钱会，即是赊，显然是属团体格局的；我在这个分析中只想从主要的格局说，在中国乡土社会中，差序格局和社会圈子的组织是比较的重要。同样的，在西洋现代社会中差序格局同样存在的，但比较上不重要罢了。这两种格局本是社会结构的基本形式，在概念上可以分得清，在事实上常常可以并存的，可以看得到的，不过各有偏胜罢了。

在概念上把这两种格局和两种组织区别出来并不是多余的，因为这个区别确可帮助我们对于社会结构上获得许多更切实的了解，免除种种混淆。在这里我将接着根据这套概念去看中国乡土社会中基本社群——“家”的性质。

我想在这里提出来讨论的是我们乡土社会中的基本社群，这社群普通被称为“大家庭”的。我在《江村经济》中把它称作“扩大了的家庭”(Expanded Family)。这些名词的主体是“家庭”，在家庭上加一个小或大的形容词来说明中国和西洋性质上相同的“家庭”形式上的分别。可是我现在看来却觉得这名词并不妥当，比较确当的应该称中国乡土社会基本社群作“小家族”。

我提出这新名词来的原因是在想从结构的原则上去说明中西社会里“家”的区别。我们普通所谓大家庭和小家庭的差别决不是在大小上，不是在这社群所包括的人数上，而是在结构上。一个有十多个孩子的家并不构成“大家庭”的条件，一个只有公婆儿媳四个人的家却不能称之为“小家庭”。在数目上说，前者比后者为多，但在结构上说，后者却比前者为复杂，两者所用的原则不同。

家庭这概念在人类学上有明确的界说：这是个亲子所构成的生育社群。亲子指它的结构，生育指它的功能。亲子是双系的，兼指父母双方；子女限于配偶所出生的孩子。这社群的结合是为了子女的生和育。在由个人来担负孩子生育任务的社会里，这种社群是不会少的。但是生育的功能，就每个个别的家庭说，是短期的，孩子们长成了也就脱离了他们的父母的抚育，去经营他们自己的生育儿女的事务，一代又一代。家庭这社群因之是暂时性的。从这方面说，家庭这社群和普通的社群不完全一样。学校、国家这些社群并不是暂时，虽则事实上也不是永久的，但是都不是临时性的，因为它们所具的功能是长期性的。家庭既以生育为它的功能，在开始时就得准备结束。抚育孩子的目的就在结束抚育。关于这一层意思我在《生育制度》一书中有详细的讨论。

但是在任何文化中，家庭这社群总是赋有生育之外其他的功能。夫妇之间的合作并不因儿女长成而结束。如果家庭不变质，限于亲子所构成的社群，在它形成伊始，以及儿女长成之后，有一段期间只是夫妇的结合。夫妇之间固然经营着经济的、感情的、两性的合作，但是所经营的事务受着很大的限制，凡是需要较多人合作的事务就得由其他社群来经营了。

在西洋，家庭是团体性的社群，这一点我在上面已经说明有严格的团体界限。因为这缘故，这个社群能经营的事务也很少，主要的是生育儿女。可是在中国乡土社会中，家并没有严格的团体界限，这社群里的分子可以依需要，沿亲属差序向外扩大。构成这个我所谓社圈的分子并不限于亲子。但是在结构上扩大的路线却有限制。中国的家扩大的路线是单系的，就是只包括父系这一方面；除了少数例外，家并不能同时包括媳妇和女婿。在父系原则下女婿和结了婚的女儿都是外家人。在父亲方面却可以扩大得很远，五世同堂的家，可以包括五代之内所有父系方面的亲属。

这种根据单系亲属原则所组成的社群，在人类学中有个专门名称，叫氏族。我们的家在结构上是一个氏族。但是和普通我们所谓族也不完全相同，因为我们所谓族是由许多家所组成，是一个社群的社群。因之，我在这里提了这个“小家族”的名词。小家族和大家族在结构原则上是相同的，不相同是在数量、在大小上。——这是我不愿用大家庭，而用小家族的原因。一字的相差，却说明了这社群的结构性质。

家族在结构上包括家庭，最小的家族也可以等于家庭。因为亲属的结构的基础是亲子关系，父母子的三角。家族是从家庭基础上推出来的。但是包括在家族中的家庭只是社会圈子中的一轮，不能说它不存在，但也不能说它自成一个独立的单位，不是一个团体。

形态上的差异，也引起了性质上的变化。家族虽则包括生育的功能，但不限于生育的功能。依人类学上的说法，氏族是一个事业组织，再扩大就可以成为一个部落。氏族和部落赋有政治、经济、宗教等复杂的功能。我们的家也正是这样。我的假设是中国乡土社会采取了差序格局，利用亲属的伦常去组合社群，经营各种事业，使这基本的家，变成氏族性了。一方面我们可以说在中国乡土社会中，不论政治、经济、宗教等功能都可以利用家族来担负；另一方面也可以说，为了要经营这许多事业，家的结构不能限于亲子的小组合，必须加以扩大。而且凡是政治、经济、宗教等事物都需要长期绵续性的，这个基本社群决不能像西洋的家庭一般是临时的。家必需是绵续的，不因个人的长成而分裂，不因个人的死亡而结束，于是家的性质变成了族。氏族本是长期的，和我们的家一般。称我们这种社群作小家族，也表示了这种长期性在内，和家庭的临时性相对照。

中国的家是一个事业组织，家的大小是依着事业的大小而决定。如果事业小，夫妇两人的合作已够应付，这个家也可以小得等于家庭；如果事业大，超过了夫妇两人所能担负时，兄弟伯叔全可以集合在一个大家里。这说明了我们乡土社会中家的大小变异可以很甚。但不论大小上差别到什么程度，结构原则上却是一贯的、单系的差序格局。

以生育社群来担负其他很多的功能，使这社群中各分子的关系的内容也发生了变化。在西洋家庭团体中夫妇是主轴，夫妇共同经营生育事务，子女在这团体中是配角，他们长成了就离开这团体。在他们，政治、经济、宗教等功能有其他团体来担负，不在家庭的分内。夫妇成为主轴，两性之间的感情是凝合的力量。两性感情的发展，使他们的家庭成了获取生活上安慰的中心。我在《美国人性格》一书中曾用“生活堡垒”一词去形容它。

在我们的乡土社会中，家的性质在这方面有着显著的差别。我们的家既是个绵续性的事业社群，它的主轴是在父子之间，在婆媳之间，是纵的，不是横的。夫妇成了配轴。配轴虽则和主轴一样并不是临时性的，但是这两轴却都被事业的需要而排斥了普通的感情。我所谓普通的感情是和纪律相对照的。一切事业都不能脱离效率的考虑。求效率就得讲纪律；纪律排斥私情的宽容。在中国的家庭里有家法，在夫妇间得相敬，女子有着“三从四德”的标准，亲子间讲究负责和服从。这些都是事业社群里的特色。

不但在大户人家，书香门第，男女有着阃内阃外的隔离，就是在乡村里，夫妇之间感情的淡漠也是日常可见的现象。我在乡间调查时特别注意过这问题，后来我又因疏散下乡，和农家住在一所房子里很久，更使我认识了这事实。我所知道的乡下夫妇大多是“用不着多说话的”，“实在没有什么话可说的”。一早起各人忙着各人的事，没有工夫说闲话。出了门，各做各的。妇人家如果不下田，留在家里带孩子。工做完了，男子们也不常留在家里，男子汉如果守着老婆，没出息。有事在外，没事也在外。茶馆，烟铺，甚至街头巷口，是男子们找感情上安慰的消遣场所。在那些地方，大家有说有笑，热热闹闹的。回到家，夫妇间合作顺利，各人好好地按着应做的事各做各的。做得好，没事，也没话；合作得不对劲，闹一场，动手动脚，说不上亲热。这些观察使我觉得西洋的家和我们乡下的家，在感情生活上实在不能并论。乡下，有说有笑，有情有意的是在同性和同年龄的集中，男的和男的在一起，女的和女的在一起，孩子们又在一起，除了工作和生育事务上，性别和年龄组间保持着很大的距离。这决不是偶然的，在我看来，这是把生育之外的许多功能拉入了这社群中去之后所引起的结果。中国人在感情上，尤其是在两性间的矜持和保留，不肯像西洋人一般的在表面上流露，也是在这种社会圜局中养成的性格。

赏读

《乡土中国》是费孝通先生著述中一部研究中国基层传统社会——农村的作品，书中较为全面地展现了中国基层社会的主要面貌。关于《乡土中国》，费孝通先生自己是这么说的："这里讲的乡土中国，并不是具体的中国社会的素描，而是包含在具体的中国基层传统社会里的一种特具的体系，支配着社会生活的各个方面。……搞清楚我所谓乡土社会这个概念，就可以帮助我们去理解具体的中国社会。"① 作者用通俗、简洁的语言对中国的基层社会（中国的农村）的主要特征进行了理论上的概述和分析，较为全面地展现了中国基层社会的面貌，亦是学界公认的中国乡土社会传统文化和社会结构理论研究的重要代表作之一。全书主要探讨了文字下乡、差序格局、公德与私德、男女有别、家族、血缘和地缘等，是作者在 20 世纪 40 年代在西南联大教授"乡村社会学"这门课程的讲义，1947 年汇编成书，首次出版发行，距离今天已有 71 年了。

本单元节选该书其中一个章节——"家族"，首段费老先厘清出自结构不同的两类社群的概念区别，顺势对比了中国的乡土社会和西方现代社会中的"差序格局"之不同，然后依据此概念去看中国乡土社会中基本社群——"家"的性质。紧接着又比较了中西性质相同而形式有别的被中国称为"大

---

① 费孝通. 重刊序言［M］//费孝通. 乡土中国. 北京：北京大学出版社，2012.

家庭”的基本社群，费先生认为应称为“小家族”更确当，可用以区分中西社会里“家”的不同，特别强调家庭大小的差异绝不是人数的多少，而是结构的复杂与否，明确指出“一个有十多个孩子的家并不构成‘大家庭’的条件，一个只有公婆儿媳四个人的家却不能称之为‘小家庭’”。然后引出“家庭这概念在人类学上有明确的界说：这是个亲子所构成的生育社群。亲子指它的结构，生育指它的功能”。对“家庭”这一概念进行了较为详尽的阐述，对比中西家庭“团体界限”的殊异，引出因父系原则下构成的社群——“氏族”这一人类学专有名称，再一次提及“大家庭”和“小家族”在结构性质上的不同。

本章节的后半部分，费先生着重论述“家族”不止有生育功能，还有政治、经济、宗教等复杂的功能，“家”的大小可以变，但“族”的结构原则上却是一贯的、单系的差序格局，这方面中西差异巨大；家族的主轴是纵轴，即父子、婆媳关系，而夫妻关系（横轴）却成为配轴，这样的家庭模式直接引发夫妻感情淡漠的后果，而且绝不是偶然现象，费先生认为“这是把生育之外的许多功能拉入了这社群中去之后所引起的结果”。

《乡土中国》虽然只是一本薄薄的小册子，但意义厚重，影响深远。在2014年第19个世界读书日期间，时任中国人民大学校长的陈雨露教授在中国知名大学校长推荐书单上推荐了《乡土中国》一书。陈雨露教授推荐这部经典著作，希望大学生以“行为精英、心为平民”作为成长目标，也希望大学生既要奋发图强、争做社会精英，又要胸怀朴素之心、扎根基层去实现中国梦，更希望大学生带着自己阅读《乡土中国》的思考，理论联系实际，知行合一，在实践中去探索中国农村的改革与发展，在当今“大众创业、万众创新”的年代，寻找人生坐标、实现自身价值。

正如陈雨露教授本人所说：“《乡土中国》是讲述中国乡土社会传统文化和社会治理结构的代表作，为了解中国社会文化的基本特性提供了重要参考。”①

---

① 王衍行. 陈雨露为何推荐《乡土中国》? [EB/OL]. (2015-10-22) [2019-07-02]. http://ruc.cuepa.cn/show_more.php? doc_id=1341649.

话题探究

1. “父与子”的主题在古今中外文学创作中屡见不鲜。卡夫卡一辈子都生活在父亲的阴影下，父子冲突在他的作品中留下了深深的烙印。而鲁迅的散文《父亲的病》《我们现在怎样做父亲》也是对这一主题的思考与延伸。孔子曾说过“君君，臣臣，父父，子子”，就是讲父亲要像父亲，有为父之道；儿子要像儿子，有为子之道。

读完汪曾祺的《多年父子成兄弟》之后，你认为这篇文章表达的“父子成兄弟”有几层内涵？你如何看待长辈与晚辈之间的这种“没大没小”的关系？

2. 党的十九大报告提出，人与自然是生命共同体，我们要建设的现代化是人与自然和谐共生的现代化……乡村是一个跟城市平等的空间，乡村跟城市是共融的载体。

读完《听雨·看月·弄水》，你认为现代城乡人们的“乡愁”是什么？你觉得现代人如何去“听雨·看月·弄水”？

3. 作家毕淑敏曾说，她在不丹曾看到过一份国民幸福指数调查问卷，其中有一道题给她留下深刻印象：你可知道你曾祖父曾祖母的姓名？毕淑敏后来明白，当地人们是为了不忘本，把知道自己是从哪里来看成幸福的一个重要指数。

课余阅读费孝通先生《乡土中国》整本书，并查阅你的家谱或族谱，编写一份你家族的谱系表。